10대를 위한 사이버 세상의 법 이야기

대혼돈의 사이버 세상 속 나를 지키는 법

10대를 위한 사이버 세상의 법 이야기

대혼돈의 사이버 세상 속 나를 지키는 법

초판 1쇄 발행 2024년 2월 16일

글쓴이 신주영
그린이 배누

편집장 천미진
편집책임 김현희
편 집 최지우
디자인 최윤정
마케팅 한소정
경영지원 한지영

펴낸이 한혁수
펴낸곳 도서출판 다림
등 록 1997. 8. 1. 제1-2209호
주 소 07228 서울시 영등포구 영신로 220 KnK디지털타워 1102호
전 화 02-538-2913 팩 스 070-4275-1693
다림 카페 cafe.naver.com/darimbooks
블로그 blog.naver.com/darimbooks
전자 우편 darimbooks@hanmail.net

ISBN 978-89-6177-326-3 (43360)

책값은 뒤표지에 있습니다.

10대를 위한 사이버 세상의 법 이야기

대혼돈의 사이버 세상 속 나를 지키는 법

글 신주영
그림 배누

다림

목차

1장 사이버 세상 속 내가 지켜야 하는 법

2장 사이버 세상에서 선을 넘는 사람들

3장 사이버 세상, 새로운 법과 규칙이 필요해

COCOA FRIENDS
AR
NEW
EVENT
~30 % SALE
OK
학교와플

1장

사이버 세상 속 내가 지켜야 하는 법

1

사이버 세상 속 개인 정보, 어떻게 보호할까?

유나는 또래보다 몸집이 작고 체력이 약해서 체육 시간을 싫어해요. 그런데 아마존TV의 BJ 아마조네 그레이스를 알고부터는 아마조네 그레이스에게 폭 빠졌어요. 20대 여성인 아마조네 그레이스는 10년 차 파쿠르 선수예요. 키는 작지만 근육질의 아마조네 그레이스가 도시의 건물 사이를 통통 튀며 돌아다니는 모습은 유나의 눈과 마음을 완전히 사로잡았어요. 게다가 아마조네 그레이스가 어릴 적에 너무 허약하고 작았던 자신을 극복하기 위해 파쿠르를 시작했다는 고백을 듣고는 자신과 너무 똑같은 처지라 더욱 공감했지요. 유나에게 아마조네 그레이스는 매일매일 보지 않으면 안 되는 중요한 사람이 되었어요. 아마조네 그레이스의 인기는 점점 높아졌고 팬클럽도 생겼어요. 유나는 엄마 이름으로 아마존TV에 가입하고 저녁 시간마다 엄마에게 핸드폰을 빌려 아마조네 그레이스의 영상을 보았어요.

어느 날 아마조네 그레이스가 팬클럽 정회원들과 영상 팬 미팅을 한다는 공지를 본 유나는 가슴이 두근두근 벅차올랐어요. 유나는 정회원이 되기 위해 그즈음 매일매일 돈으로 바꿀 수 있는 후원 선물인 달풍선을 보냈어요. 엄마 핸드폰에 연동된 계좌로 달풍선은 계속 결제되고 있었지만 유나 엄마는 까맣게 모르고 있었어요. 도대체 달풍선을 얼마나 보냈을까요? 어느 순간 유나는 불안해지기 시작했어요.

어느 날 유나 엄마는 모바일 뱅킹으로 잔액 확인을 하는데 같은 곳으로 총 500만 원이 넘는 돈이 빠져나간 걸 발견하고는 숨이 멎는 줄 알았어요. 거래 내용에 수신자로 적힌 ○○주식회사가 어딘지 알아본 엄마는 유나가 아마존TV에서 달풍선을 구매한 돈이라는 걸 알게 되었어요.

사라져 버린 유나 엄마의 돈

저런, 지금 유나 엄마는 500만 원을 갑자기 도둑맞은 기분일 거야. 유나도 달풍선을 쏜다고 500만 원이나 되는 돈을 썼다고는 생각하지 못했을 것 같아. 그리고 지금은 팬 미팅이고 뭐고 엄마 돈을 돌려받고 싶을 거야. 그런데 그 돈을 돌려받을 수 있을까? 유나와 유나 가족은 곤란한 상황에 빠졌어. 혼자서 해결하기 어렵고 도움이 필요해. 유나에게 어떤 일이 벌어진 건지 우리 차근차근 생각해 보자.

간편 결제 시스템, 너무 쉬워져 버린 돈 쓰기

PC 또는 스마트폰과 연동된 계좌로 온라인상에서 간편히 값을 지급하는 걸 간편 결제 시스템이라고 해. 기기에 결제 정보를 등록해 놓고 비밀번호나 지문 인식만으로 결제 승인을 받는 거지. 대표적으로 카카오페이, 삼성페이, 애플페이 등이 있어. 이 시스템 덕분에 빠르고 간단하게 인터넷 쇼핑도 하고 배달 앱으로 음식도 주문할 수 있어.

옛날에 유나 엄마는 좋아하는 가수의 콘서트에 가기 위해 유나의 할머니를 조른 적이 있어. 그 티켓은 꽤 비싸긴 했지만 500만 원 정도는 아니었어.

아마조네 그레이스의 파쿠르 공연을 유나가 직접 본다고 생각해 봐. 만약 그 대가로 관람료를 내야 했다면 유나는 엄마의 허락과 함께 딱 그만큼의 돈만 지불했을 거야. 아마조네 그레이스가 유나한테서 현금 500만 원을 받는 일은 결코 일어나지 않았을 테지. 그런데 인터넷 방송은 공연료가 정해져 있지 않을뿐더러 내가 원하면 핸드폰으로 바로 달풍선을 구입할 수도 있어. 비밀번호만 알면 너무나도 쉽게 유나 엄마 계좌에서 돈을 빼 갈 수 있는 거야. 이렇게 유나 엄마 모르게 많은 돈이 빠져나가 버렸어.

인터넷 방송 서비스는 시간과 공간을 초월해 많은 관객을 모으는 강력한 힘을 가지고 있어. 유나는 굳이 먼 곳의 공연장을 찾지 않아도 되고, 엄마의 도움 없이도 스마트폰 하나만 있으면 아마조네 그레이스의 파쿠르 장면을 언제든 볼 수 있어. 하지만 간편 결제 시스템을 이용해 그 대가를 지불하면 예상치 못한 사고가 생기기도 해. 비밀번호를 입력하는 사람이랑 계좌 주인이 다른 경우, 계좌 주인이 청구된 금액을 뒤늦게 확인하고 놀라게 되는 거야.

누가 누구인지 본인 확인은 어떻게 하지?

거래 상대와 직접 만나지 않고 하는 거래를 비대면 거래라고 해. 비대면 거래를 하면 유나가 유나 엄마 계좌를 이용해 달풍선 결제를 한 것처럼 계좌 주인이 아닌 사람이 결제를 시도할 수도 있어. 은행은 계좌와 연동된 핸드폰 주인이 돈을 찾는다고 인식하겠지. 그래서 비대면 거래에서 결제 시스템을 이용하려면 본인 확인이 꼭 필요해. 비밀번호, 패턴, 지문 인식 등이 있지. 하지만 이를 잘 설정해도 알아내기 쉽게 만들거나 남들과 많이 공유한다면 그만큼 유출될 확률이 높아질 거야.

유나 엄마는 유나가 쓴 돈을 찾을 수 있을까?

계약이란 두 사람 사이의 약속인데 법적 구속력이 있어. 그래서 계약을 위반하면 법적 책임을 지게 돼. 계약 중에서도 물건을 사고 그 대가로 돈을 지급하는 내용의 계약을 특별히 매매 계약이라고 해. 유나가 아마존TV에 돈을 내고 달풍선을 쏜 것도 매매 계약이야. 연필을 사거나 집을 사는 것도 규모만 다르지 모두 똑같은 매매 계약이야. 매매 계약으로 물건을 산 뒤 물건에 특별한 이상이 없다면 구매자는 단순한 변심으로 계약을 취소할 수 없어. 그렇기 때문에 자기가 좋아하는 BJ를 기쁘게 해 주려고 이미 쏘아 버린 달풍선을 그냥 취소하고 돈을 돌려받을 수는 없어. 하지만 유나의 경우는 약간 달라.

민법 제5조(미성년자의 능력)

① 미성년자가 법률 행위를 함에는 법정 대리인의 동의를 얻어야 한다. 그러나 권리만을 얻거나 의무만을 면하는 행위는 그러하지 아니하다.

② 전항의 규정에 위반한 행위는 취소할 수 있다.

즉 유나는 미성년자이기 때문에 계약과 같은 법률 행위를 할 때는 법정 대리인인 부모의 동의를 얻어야 해. 부모의 동의를 얻지 않은 행위는 취소할 수 있어.

그러니까 그 달풍선을 쏜 사람이 유나였던 것만 확인되면 달풍선 매매 계약은 취소할 수 있고 500만 원을 돌려받을 수 있어. 그런데 그 과정이 그렇게 쉽지는 않아. 실제로 있었던 사례에서도 인터넷 방송사가 후원 아이템을 팔아서 받은 돈을 이미 BJ에게 줘 버렸기 때문에 돌려줄 수 없다고 했어. 다행히도 아이의 부모가 BJ를 직접 만나 사정을 하고 BJ도 너그럽게 양보해서 겨우 대부분을 돌려받을 수 있었어.

더 깊이 들여다보기

사이버 세상의 시작과 법 환경의 변화

인터넷은 지금 우리 생활 깊숙이 들어와 있어. 하지만 원래 인터넷은 일반인들에게 친숙한 존재가 전혀 아니었어. 인터넷은 미국에서 군사 목적으로 만들어졌어. 전시 상황에서 통신이 안 될 때를 대비해 만든 비상 통신망이 시작이었지. 이후 개인용 단말기인 PC가 보급된 이후에야 인터넷은 개인 정보의 저장과 생산을 담당하기 시작했어. 우주가 빅뱅으로 생겨나고 지금도 팽창해 가고 있는 것처럼 인터넷이라는 공간 역시 어느 순간 생겨난 뒤에 지금도 계속해서 팽창해 가고 있어.

인터넷은 현대인에게 오프라인 환경 못지않게 필수적인 공간이 되었어. 그리고 현실 세계에 사회 규범이 필요하듯 사이버 세상의 질서 유지를 위한 규범이 필요하다는 목소리가 커졌지. 이를 위한 새로운 법들이 속속 등장하고 기존 법들의 적용 범위도 넓어지고 있어. 예컨대 인터넷이 상용화되면서 떠오른 가장 중요한 문제는 개인 정보의 보호라고 할 수 있어. 그래서 만들어진 법이 '정보통신망 이용촉진 및 정보보호 등에 관한 법률'이야.

이 법의 제1조는 이 법이 만들어진 목적을 잘 표현하고 있어.

정보통신망 이용촉진 및 정보보호 등에 관한 법률 제1조(목적)

이 법은 정보 통신망의 이용을 촉진하고 정보 통신 서비스를 이용하는 자를 보호함과 아울러 정보 통신망을 건전하고 안전하게 이용할 수 있는 환경을 조성하여 국민 생활의 향상과 공공복리의 증진에 이바지함을 목적으로 한다.

개인 정보는 왜 중요할까?

그렇다면 개인 정보는 왜 중요한 걸까? 특히 사이버 세상에서 말이야. 개인정보보호법에서는 개인 정보를 아래와 같이 정의하고 있어.

개인정보보호법 제2조(정의)

이 법에서 사용하는 용어의 뜻은 다음과 같다.

① 개인 정보란 살아 있는 개인에 관한 정보로써 다음 각 목의 어느 하나에 해당하는 정보를 말한다.

가. 성명, 주민 등록 번호 및 영상 등을 통하여 개인을 알아볼 수 있는 정보

나. 해당 정보만으로는 특정 개인을 알아볼 수 없더라도 다른 정보와 쉽게 결합하여 알아볼 수 있는 정보. 이 경우 쉽게 결합할 수 있는지 여부는 다른 정보의 입수 가능성 등 개인을 알아보는 데 소요되는 시간, 비용, 기술 등을 합리적으로 고려하여야 한다.

즉, 개인 정보는 '나'를 특정할 수 있는 필수적인 정보라고 볼 수 있어. 어떤 웹사이트에 가입한다고 생각해 봐. 그때 우리는 이름부터 시작해서 성별, 연락처, 이메일, 주소, 소속 어떨 때는 주민 등록 번호를 알려 줘야 하잖아. 손가락만 움직이면 되니까 한 시간 안에 사이트를 10개도 가입할 수 있을 거야. 오프라인보다 훨씬 쉽게 개인 정보를 알려 주게 되지. 이렇게 쌓인 개인 정보는 기업이 소비자의 구매욕을 일으키는 맞춤 광고를 띄우는 데 사용되기도 하고, 보이스 피싱 같은 디지털 범죄에도 이용될 수 있어. 유나 엄마의 이야기처럼 비대면 거래에서 개인 확인이 어렵다는 허점 때문에 억울하게 계좌에서 돈이 빠져나가는 사고가 발생하기도 하지. 그래서 사이버 세상 속 개인 정보 보호가 특히 더 중요한 거야.

주민등록증
하양이
030122-3046182
2023. 10. 21.
마음특별시 행복구청장

2

더 커진 표현의 자유와 자유의 그림자, 가짜 뉴스

단짝인 현우와 태현이는 한 사건 때문에 벌써 열흘째 서로 말을 하지 않고 있어요. 얼마 전 야외 체험 학습을 하는 날이었어요. 친구들은 공원 안 식물들을 관찰하면서 삼삼오오 짝을 지어 돌아다니고 있었어요.

현우와 태현이도 대여섯 명의 친구와 함께 돌아다니던 중이었죠. 태현이는 온실 안 야자나무 아래 야트막하게 펴져 있는 넝쿨야모란을 발견했어요. 신기한 마음에 그 아래 쪼그려 앉았어요. 그런데 그와 거의 동시에 야자나무 뒤쪽에서 민지도 쪼그려 앉았어요. 민지도 넝쿨야모란이 신기했던 거예요. 현우는 순간 장난기가 발동했어요. 스마트폰으로 태현이와 민지를 한 프레임에 나오게 사진을 찍었어요.

현우는 사진 편집 프로그램을 사용해 그 사진에서 야자나무 기둥을 잘라 냈어요. 수정된 사진은 태현이와 민지가 서로 머리를 맞대고 쪼그려 앉아서 손을 잡으려 하는 것처럼 보였어요. '온실 속의 훈남 훈녀 커플'이라는 글과 함께 현우는 그 사진을 자신의 인스타그램에 올렸어요. 다음 날, 태현이와 민지는 친구들의 놀림에 시달려야 했어요. 댓글에는 두 사람을 공식 커플로 인정하는 듯한 말들이 줄줄이 이어졌고 현우의 인스타그램에는 간만에 많은 댓글이 달렸어요. 태현이는 현우의 장난이 너무 심하다고 느꼈어요. 민지도 이 상황이 너무 당혹스러웠어요.

"야, 이건 좀 심한 거 아니냐? 사실대로 밝히고 사진 내려."

"누가 봐도 편집인데 뭘 그렇게 예민하게 반응해?"

현우는 사과하기는커녕 오히려 태현이와 민지가 예민하다며 무심하게 대꾸했어요. 결국 가짜 사진 때문에 며칠 동안 우울감에 빠져 있던 민지는 선생님께 이 사실을 알리며 해결을 요청했어요.

표현의 자유와 늘어나는 가짜 뉴스

'온실 속의 훈남 훈녀 커플'이라니! 현우가 올린 글은 사진과 제목만 보면 마치 연예 뉴스 기사 같아. 친구들이 인스타그램에서 이 사진과 글을 아무 생각 없이 보게 된다면 그냥 사실로 받아들일 수도 있지 않을까? 그 사진이 편집됐다는 사실은 쉽게 알 수 없을 테니 말이야.

이처럼 게시물 속의 당사자가 적극적으로 진실을 알리지 않는 이상, 사이버 세상에서는 쉽게 거짓도 진실처럼 여겨지고 말아. 나중에 사실이 밝혀진다면 그나마 다행이지만 한번 쏟아진 물을 담기 어려운 것처럼 이미 일파만파 퍼진 소문을 바로잡는 데는 그 몇만 배의 에너지와 시간이 필요한 법이야.

발 없는 말이 천 리 간다는 속담이 있지. 지금 사이버 세상에서 글이 퍼지는 건 거의 한순간에 일어나는 일이야. 발 없는 말이 아니라 날개 없는 글과 이미지가 전 세계로 퍼지는 세상이야. 그래서 우리가 인터넷에서 얻는 정보에 가짜가 많이 섞이게 되면 정보화 세상에서 더 똑똑해지기는커녕 사람들은 더 많이 선동되고 잘못된 판단을 내릴 위험이 커져.

요즘은 누구나 스마트폰으로 사진을 찍고 글을 써서 인터넷에 올릴 수 있어. 이런 현실은 분명 표현의 자유가 크게 높아졌다고 볼 수 있지. 하지만 사람들이 표현의 자유라는 이름으로 사실을 제대로 확인하지도 않은 채 책임감 없는 글을 마구 써 대기만 한다면 정보의 바다는 금방 가짜 뉴스들로 오염되고 말 거야. 그래서 인터넷에서 어떤 정보를 찾으려 할 때마다 그 정보의 진실성과 가치를 확인하기 위해 좀 더 수고해야 할 테지. 결국 더러운 물에서 헤엄치는 것처럼 피로감을 느끼게 될 거야.

허위 사실을 유포한 현우는 무슨 죄?

그럼 현우가 사진을 편집해서 SNS에 허위 사실을 유포한 행위는 법적으로 어떤 문제가 있을까? 허위 사실을 유포한 경우에 그 행위로 다른 사람의 명예가 훼손되었다면 허위 사실 적시에 의한 명예훼손죄의 책임을 지게 돼. 형법 제307조 제2항 위반이지. 참고로 명예를 훼손하는 내용이 허위 사실이 아니라 진실일지라도 '비방할 목적'이 있다면 정보통신망법 위반으로 처벌받을 수 있어. 그리고 형법 제307조 제1항에서도 공연히 사실을 적시한 명예 훼손을 처벌하고 있어.

형법 제307조(명예 훼손)

① 공연히 사실을 적시하여 사람의 명예를 훼손한 자는 2년 이하의 징역이나 금고 또는 500만 원 이하의 벌금에 처한다.

② 공연히 허위의 사실을 적시하여 사람의 명예를 훼손한 자는 5년 이하의 징역, 10년 이하의 자격 정지 또는 1000만 원 이하의 벌금에 처한다.

그런데 태현이와 민지가 커플로 알려졌다고 해서 명예가 훼손되었다고 보기는 좀 어려운 것 같아. 그래서 명예훼손죄의 책임을 묻기도 어려울 거야. 그렇다고 허위 사실을 유포했다는 죄로 처벌할 수도 없어. 형법은 허위 사실을 유포했다는 사실만 가지고는 처벌하지 않거든. 허위 사실을 유포했다고 해서 다 처벌한다면 표현의 자유를 지나치게 침해하게 되기 때문이야. 그러니까 허위 사실 유포죄는 형법에 없고 허위 사실 적시 명예훼손죄만 있는 거야.

현우가 인스타그램에서 퍼뜨린 헛소문으로 민지가 댓글에서 놀림감이 되었고, 그 때문에 정신적 고통을 받은 것은 분명해 보여. 그런데도 현우는 법적으로 아무런 책임을 지지 않는 걸까?

결론부터 말하면 현우가 명예훼손죄로 처벌받지 않는다고 해도 민지가 입은 정신적 고통에 대한 책임을 지도록 할 수 있는 법이 있어. 그건 바로 민법 제751조, 정신적 고통에 대한 손해 배상 책임 조항이야.

민법 제751조(재산 이외의 손해의 배상)

① 타인의 신체, 자유 또는 명예를 해하거나 기타 정신상 고통을 가한 자는 재산 이외의 손해에 대하여도 배상할 책임이 있다.

내 얼굴을 사이버 세상에 알리지 않을 권리, 초상권

현우의 사진은 태현이와 민지의 인격권을 침해했다고 볼 수 있어. 내 얼굴을 함부로 촬영당하지 않을 권리, 즉 자기 자신의 초상에 대한 독점권을 '초상권'이라고 해. '초상권'은 아직 우리나라 법률에 명시적으로 등장하고 있지는 않아. 하지만 헌법이 인정하는 인격권의 하나이기에 내 얼굴이 허락 없이 전시된 경우에는 초상권 침해를 주장해 손해 배상을 구할 수 있어. 인격권이란 인격적 이익을 누릴 수 있는 권리를 말해. 즉, 생명, 신체, 건강, 자유, 명예, 정조, 성명, 초상, 사생활 등에 대해서 그 자신이 당연히 누릴 수 있는 권리를 말하지. 헌법에 인격권이라는 단어는 없지만, 헌법 제10조는 인격권의 근거 조항을 두고 있어.

헌법 제10조

모든 국민은 인간으로서의 존엄과 가치를 가지며, 행복을 추구할 권리를 가진다.

또한 헌법 제17조 사생활의 비밀과 자유, 제18조 통신의 비밀, 제19조 양심의 자유, 제20조 종교의 자유 등이 인격권의 구체적 내용이라고 해석해. 실제로 손해 배상 소송이 있었을 때 법원에서는 초상권을 인격권에 포함되는 권리로 인정했어. "사람은 누구나 얼굴과 기타 사회 통념상 특정인임을 식별할 수 있는 신체적 특징에 관하여 함부로 촬영 또는 그림으로 묘사되거나 공표되지 아니하며 영리적으로 이용당하지 않을 권리가 있다."라고 했지. 영리적으로 이용당한다는 것은 쉽게 말해 돈으로 사고팔리게 되는 것을 뜻해. 그래서 초상권을 침해당해 정신적 고통을 받았을 때에는 민법상 손해 배상 책임을 지게 할 수 있는 거야. 즉 벌은 안 받더라도 돈으로 배상해야 하는 거지.

여기서 잠깐!

많고 많은 법, 무슨 차이가 있을까?

죄형 법정주의란 죄와 형은 국민의 대표인 국회가 만든 '법'으로 정해야 한다는 원칙을 말해. 법치주의의 내용이면서, 민주주의 국가에서는 당연히 지켜야 하는 원칙 중 하나야. 그렇다면 죄와 형을 정하는 법에는 무엇이 있을까?

형법 죄와 형을 정하는 법이야. 어떤 행위가 범죄이며 어떤 형벌을 받는지를 정하지. 예컨대 형법 제250조(살인, 존속 살해)는 사람을 살해한 자는 사형 무기 또는 5년 이상의 징역에 처한다고 명시하고 있어.

민법 대등한 개인 사이의 관계를 규율하는 법이야. 재산 관계와 가족 관계에서 생기는 권리와 의무를 정하지. 민법은 대표적인 사법(私法)이고 사법의 반대 개념은 공법(公法)이야. 공법은 당사자 중 적어도 한쪽은 공공 단체나 국가 기관이야. 개인과 단체, 단체와 단체 사이 관계를 규율하는 법을 말해.

헌법 최상의 효력을 가지는 한 나라의 최고법이야. 인간의 존엄과 자유, 평등권 등 인권을 국민의 기본권으로 정하고, 국가 권력 기구의 조직과 권한에 대한 내용을 담고 있어.

'온라인' 속 허위 사실 적시 명예 훼손

온라인에 허위 사실을 퍼트려 누군가의 명예를 훼손한 경우, 오프라인에서 명예를 훼손할 때보다 더 무거운 처벌을 받게 돼. 특히 사람을 비방할 목적으로 공공연하게 거짓말을 하면 정보통신망법 위반으로 최고 7년 이하의 징역에 처할 만큼 큰 벌을 받게 되지. 앞서 형법상 허위 사실 적시 명예훼손죄가 최고 5년 이하의 징역이었던 것과 비교해 보면 얼마나 죄가 무거운지 알겠지?

인터넷 같은 정보 통신망을 이용하면 그 전파력은 오프라인으로 퍼질 때보다 훨씬 빠르고 범위도 넓어. 오랫동안 기록으로 남고 쉽게 사라지지도 않아서 더 무거운 처벌을 받는 거야.

온라인에서 정보통신망법 위반죄의 피해자로 가장 자주 등장하는 사람들은 연예인이나 정치인 등 소위 공인들이야. 가해자들은 익명의 가면을 쓰고 명예를 실추시키는 내용의 가짜 뉴스를 퍼뜨리고 있어. 피해자들은 직업인으로 활동하기가 불가능할 정도로 이미지가 실추되거나 큰 재산적 손해를 입어. 우울증을 얻거나 자살에 이르기도 할 정도로 정신적 피해도 심하지.

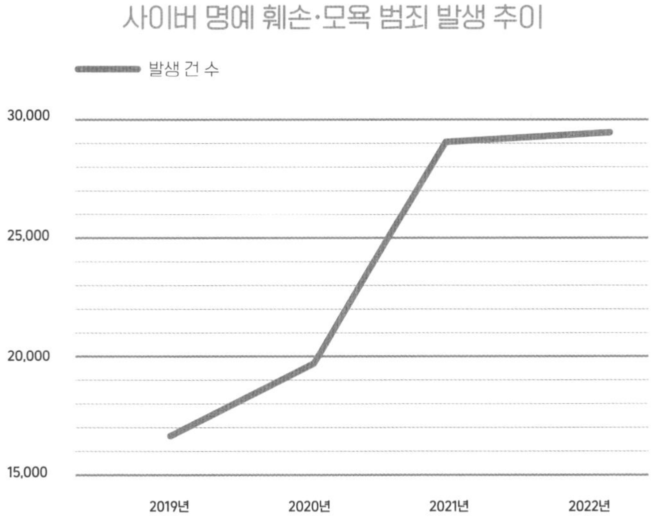

지난 4년 동안 사이버 명예 훼손 및 모욕죄가 꾸준히 증가하고 있다. (출처: 경찰청)

고소당하고도 처벌을 면할 수 있다고?

이처럼 연예인의 명예를 훼손하는 가짜 뉴스나 모욕적인 댓글들은 단순히 장난이었다 하더라도 그 결과는 심각할 수 있기 때문에 요즘은 피해자들이 적극적으로 대응하고 있어. 명예 훼손이나 모욕죄로 고소당한 악플러들은 고소장을 받고서야 급히 선처를 바라곤 해. 하지만 악플로 벌금형 전과가 2회나 있었던 사람부터 단순히 대댓글로 댓글과 같은 내용을 쓴 사람 그리고 미성년자까지, 법적 책임에서 벗어날 수 있는 사람은 아무도 없어. 초등학생은 형사 미성년자라서 형사 처벌을 받지 않을 수는 있지만, 범죄 행위에 대해서는 가해자로서의 손해 배상 책임을 그 부모가 지게 되니 처벌을 받는 거나 다름없어.

그런데 명예 훼손이나 모욕죄는 친고죄나 반의사불벌죄라고 해서 '피해자의 의사에 반하여는 처벌하지 않는다'는 조항들이 있어. 친고죄는 피해자가 고소하지 않으면 처벌할 수 없는 범죄야. 반의사불벌죄는 피해자가 고소했더라도 나중에 처벌을 원하지 않는다고 밝히면 그 의사대로 가해자를 처벌하지 않는 범죄야. 그래서 악플러들이 고소당했을 때 제일 처음 해야 할 일은 변명이 아니라 피해자에게 진심으로 사과하고 용서를 구하는 일이야.

이거 봐 봐.

더 깊이 들여다보기

가짜 뉴스가 민주주의 국가에 미치는 영향

가짜 뉴스로 가장 큰 피해를 보는 건 명예를 훼손당하거나 모욕당한 사람이야. 하지만 어떻게 보면 우리 모두가 피해자가 될 수 있어. 왜냐하면 가짜 뉴스들이 넘쳐 나면 진실을 알리는 뉴스조차 사람들이 믿기 어려워지고 정보를 얻으려는 사람들은 '팩트 체크'를 위해 좀 더 수고해야만 해. 신뢰할 수 없는 사회는 우리가 생각하는 것보다 훨씬 심각해.

믿지 못하는 사람과는 거래도 할 수 없고 친구도 될 수 없어. 애초에 제대로 된 관계조차 맺을 수 없지. 어떤 사회가 사기꾼으로 넘쳐 난다면 아무도 평화롭게 살 수 없을 거야. 서로서로 끊임없이 의심하고 긴장하며 살아가야 할 테니까. 사이버 세상은 익명으로 활동하거나 얼굴 없이 소통할 수 있기 때문에 현실 세계보다 책임감 없이 행동하기 쉬워. 올바른 정보의 공유와 건전한 소통은 바로 '나'로부터 시작된다는 사실을 명심해야 해.

가짜 뉴스는 인터넷 사용자들의 알권리를 침해하고 어떤 사회 문제나 정치적 사안에 관해 개개인이 올바른 판단을 내리지 못하게 만들어. 민주주의의 근간이 흔들리는 거지. 그런데 알권리가 뭐길래 그렇게 중요하다는 걸까?

헌법으로 보장하는 국민의 알권리

알권리는 표현의 자유에 선행되는 핵심적인 기본권이야. 우리나라 헌법 제1조에서는 대한민국의 주권은 국민에게 있고, 모든 권력은 국민으로부터 나온다고 분명하게 명시하고 있어. 그렇기 때문에 주권자인 국민이 정치적으로 바른 선택을 하기 위해서는 올바른 견해를 가져야 하고 문제의 본질이 무엇인지 알 수 있어야 해. 그래서 국민의 '알권리'가 중요한 거야. 헌법으로 보장하는 매우 중요한 권리지. 우리나라 헌법 재판소는 알권리가 표현의 자유와 밀접하게 연관되어 있다고 하며 다음과 같이 설명하고 있어.

"헌법 제21조는 언론 출판의 자유, 즉 표현의 자유를 규정하고 있는데 이 자유는 전통적으로 사상 또는 의견의 자유로운 표명과 그것을 전파할 자유를 의미하는 것으로써 사상 또는 의견의 자유로운 표명은 자유로운 의사의 형성을 전제로 한다.

자유로운 의사의 형성은 정보에의 접근이 충분히 보장됨으로써 비로소 가능한 것이며 그러한 의미에서 정보에의 접근 수집 처리의 자유, 즉 알권리는 표현의 자유와 표리일체의 관계에 있다."

표리일체란 안팎이 한 덩어리라는 뜻으로 표현의 자유와 알권리가 뗄 수 없을 정도로 밀접한 연관이 있다는 걸 의미해. 표현의 자유와 알권리의 관계는 '언론'에서 잘 드러나. 민주주의 국가는 국민의 알권리를 위해 언론의 자유를 보장하고 있어. 진실을 알리기 위해 신문, 방송, 출판 등에서 외부의 압박과 검열에 제한받지 않는 표현의 자유를 허락하는 거야. 사이버 세상이 넓어지면서 과거에 비해 국민들은 예전과는 비교도 안 되게 많은 정보를 빠르게 접할 수 있게 되었어. 정보가 다양해진다는 건, 표현의 자유도 함께 늘어났다는 걸 의미해.

유튜브의 추천 알고리즘에 숨은 편향성의 위험

특히 세계적인 동영상 플랫폼인 유튜브가 등장하면서 사람들은 보고 들은 것들, 자신의 지식과 기술까지도 유튜브에 올리고 있어. 누구든 검색 한 번이면 알고 싶은 정보와 지식을 쉽게 얻을 수 있어. 하지만 유튜브를 시청할 때 주의할 점이 있어. 유튜브는 인공 지능을 활용해서 이용자 각자의 취향에 맞춰 영상을 추천하기 때문에 이용자들은 무의식적으로 자기가 보고 싶어 하는 것들만 계속 보게 돼.

유튜브는 각 이용자의 시청 시간을 분석해서 이용자가 좋아할 만한 영상을 추천하는데 이럴 때 유튜브 알고리즘에 의해 보게 되었다고 해. 알고리즘에 따라 자기 취향에 맞는 동영상을 힘들여 찾지 않아도 볼 수 있다는 장점이 있지만, 비슷한 내용만 계속 접하면서 편향된 의견은 강화되고 사회 분열이 심해지기도 해.

민주주의 국가가 성공하기 위해서는 주권자인 국민 각자가 자유로운 사고의 주인이 되어야 해. 그러려면 자신의 입장을 견지함과 동시에 반대 입장도 같이 접하는 노력이 필요해. 상대방의 의견을 경청하고 각자의 불합리함을 인정하는 과정이지. 그리고 접점을 찾아 조정해 나갈 때 분열과 갈등을 줄일 수 있어.

3

창의력도 재산이다, 저작권

"뭐야? 이건 담다미잖아?"

현주는 자신이 공들여 창조한 캐릭터 담다미가 갑자기 입소문을 타며 티셔츠와 머그잔 등 굿즈에 사용되는 걸 보고 어리둥절했어요. 현주는 아직 중학생이지만 아마추어 일러스트 작가 소리를 들은 건 오래전부터였어요.

자연 다큐멘터리에서 담비를 보고 매료된 현주는 겨울 방학 내내 책상과 컴퓨터에 매달려서 디자인하기를 반복하고 프로크리에이트 앱을 사용해 담다미 캐릭터를 완성했어요. 담다미는 현주의 아바타나 다름없었어요. 담비의 귀여운 얼굴과 날렵한 몸통을 살린 캐릭터에게 담다미라는 이름을 지어 주었죠.

현주는 그 후 엄마의 도움을 받아 한국저작권위원회에 캐릭터 등록까지 했어요. 그리고 담다미를 SNS에 소개하면서 현주의 상태를 표현하기도 했어요. '여름휴가 중'이라는 제목에는 현주 가족의 휴가 사진이 아니라 담다미가 수영복을 입고 해변에 누워 낮잠을 자는 모습을 올려 두었고, '열공, 열공, 또 열공!'이라는 제목에는 책상 앞에서 심각한 표정을 지으며 공부에 몰두하는 모습의 담다미를 올렸어요. 그런데 그 담다미가 그려진 티셔츠와 에코백, 머그잔 같은 다양한 상품들이 버젓이 인터넷 쇼핑몰에서 판매되고 있었어요.

"이게 어떻게 된 일이지? 좀 조사해 봐야겠는걸."

현주 엄마는 현주가 방학 내내 공들여서 만든 작품을 아무 허락도 없이 사용한 것은 도둑질이나 다름없다고 했어요. 현주에게 저작권이 있기 때문이라나요. 저작권이란 무엇이며 또 저작권 등록까지 했는데도 누군가가 함부로 사용한다면 저작권은 어떻게 보호받을 수 있을까요?

만질 수 없는 것을 도둑맞을 수도 있다고?

현주가 만들어 낸 담다미는 현주가 창조한 이미지야. 현주는 담다미를 만들기 위해 겨울 방학 내내 컴퓨터와 책상 앞에서 시간을 보냈어. 현주가 캐릭터를 고안하고 그리기까지 수개월이 걸린 거지. 이렇게 창조한 캐릭터는 SNS에 올리는 순간 모든 사람이 볼 수 있어. 마음만 먹으면 복사해서 사용할 수도 있지. 하지만 현주가 SNS에 올린 담다미 캐릭터를 보고 즐기는 건 자유여도 복사해서 다른 곳에 퍼 나르거나 이익을 얻기 위해 무단으로 사용하는 건 문제가 돼.

현주 엄마는 담다미를 현주 허락도 없이 사용하는 건 도둑질이나 다름없다고 말했어. 표절이란 말을 들어 봤을 거야. 남의 창작물을 자기 것처럼 발표하는 것을 표절이라고 하는데 표절의 '절'은 '절도'의 '절'과 같은 한자를 써. 형법 제329조(절도)는 타인의 재물을 절취한 자는 6년 이하의 징역 또는 1000만 원 이하의 벌금에 처한다고 정하고 있어. 그래서 다른 사람의 물건을 훔치면 절도죄로 처벌받게 되지. 그런데 손으로 만질 수 없는 것이라도 주인이 정해질 수 있고 이것을 주인의 허락 없이 사용하면 처벌받을 수도 있어. 어떤 것이 있을까? 대표적으로 노래, 컴퓨터 프로그램, 그림, 글 등의 표현물 즉, 저작물이 있지. 여기에 생기는 권리가 저작권이야. 저작권은 저작물을 만든 저작권자를 주인으로 인정해 주는 권리야.

저작물과 저작권자

저작권법 제2조에서는 저작물이 무엇인지 정의하고 있어. '저작물'은 인간의 사상 또는 감정을 표현한 창작물을 말하지. 법에서 그 예시로 소설, 시, 논문, 강연, 연설, 각본 그 밖의 어문 저작물, 음악 저작물, 회화, 서예, 조각, 판화, 공예, 영상 저작물, 도형 저작물, 컴퓨터 프로그램 저작물 등을 들고 있어.

이런 저작물을 창작한 사람을 저작권자라고 하고 저작권자에게는 저작권이라는 권리를 인정해 줘. 예컨대 노래, 책, 영화 등이 저작물이고 그 노래를 만든 작곡가나 작사가, 소설을 쓴 소설가가 저작권자인 거야. 그러니까 현주가 만든 담다미 역시 저작물이 되고 그 저작물을 만든 현주는 저작권자가 되는 거지. 그러면 저작물은 어떤 것들이 있고 어떻게 보호되는지 하나씩 천천히 따져 볼까?

저작권자는 어떤 권리를 갖게 될까?

저작권법에서는 저작권의 구체적인 내용으로 공표권, 성명 표시권, 동일성 유지권 등의 저작 인격권과 복제권, 공연권, 공중 송신권, 전시권, 배포권, 대여권, 이차적 저작물 작성권 등의 저작 재산권을 열거하고 있어. 자세한 내용은 표로 살펴볼까?

저작 인격권	
공표권	저작물을 공개적으로 발표하거나 발표하지 않을 권리
성명 표시권	저작물 또는 저작물의 공표 매체에 저작권자의 이름을 표시할 권리
동일성 유지권	저작물이 본래의 모습대로 활용되도록 할 권리 (저작물의 변경, 삭제에 대한 권리)

저작 재산권	
복제권	저작물을 복제하는 권리
공연권	저작물을 공연할 수 있는 권리
공중 송신권	저작물을 전화, 라디오, TV 등에 내보낼 수 있는 권리
전시권	저작물을 전시 할 권리
배포권	저작물을 배포할 권리
대여권	상업용 음반이나 프로그램에 한해서 최초 판매가 이루어진 후에도 저작권자가 영리 목적의 대여를 허가할 권리
이차적 저작물 작성권	본 저작물을 기반으로 새로운 저작물을 만들 수 있는 권리

저작권 침해에 대처하는 방법

만약 저작권자의 허락 없이 무단으로 저작물을 사용하면 저작권자는 저작권을 침해한 사람에게 손해 배상을 청구할 수 있어. 현주에게 어떤 손해가 있냐고? 현실적으로 손해를 계산하기는 어렵겠지만 저작권법은 저작권자의 저작권을 보호해 주기 위해 저작권을 침해한 사람이 저작권을 침해함으로써 얻은 이익을 손해액으로 추정한다는 규정을 두고 있어.

굿즈 사이트가 현주의 캐릭터를 사용한 머그잔이나 에코백을 팔아서 얻은 이익을 현주가 입은 손해로 추정해서 배상받는 거야. 또한 저작권을 침해한 것 자체가 범죄이기 때문에 현주의 허락 없이 디자인을 베낀 사람을 경찰에 고소할 수도 있어.

여기서 잠깐!

저작권은 언제 생기고 언제까지 보장될까?

현재 저작권법은 저작권자 사후 70년까지 저작권을 보장하고 있어. 그런데 1928년에 만들어진 미키마우스는 두 번의 저작권법 개정을 통해 저작권 최대 보호 기간을 95년까지 늘렸어. 디즈니의 캐릭터 산업에서 미키마우스가 차지하는 비중이 크고 저작권이 소멸했을 때 원작이 훼손될 우려도 있어서 디즈니가 미키마우스 저작권을 지키는 데 엄청난 공을 들였다고 해. 하지만 저작권이라는 게 미키마우스처럼 꼭 저작권 등록을 해야만 생기는 건 아니야. 저작권은 저작물을 창작한 시점부터 생겨. 다만 저작물을 등록하면 나중에 저작권 관련 분쟁이 생겼을 때 저작권자임을 증명하기 쉬워져.

더 깊이 들여다보기

창의적인 세상을 위한 권리, 지식 재산권

문학 작품, 음악, 영화와 같은 저작물들은 물건과 달리 여러 사람이 동시에 사용할 수 있어. 특히 요즘은 소설이나 음악을 책이나 CD 같은 손에 잡히는 매체가 아니더라도 전자책이나 음원 등 전자적인 방법으로 얼마든지 무한 반복해서 생산하고 소비할 수 있어.

현주가 만든 담다미도 얼마든지 복제할 수 있어. 귀여운 캐릭터를 많은 사람이 공유할 수 있다면 모두에게 이득이겠지. 다른 사람들이 담다미 캐릭터를 사용한다고 해서 현주가 담다미를 사용할 수 없는 것도 아니고 말이야. 그런데도 저작권자에게 저작권을 인정해 주는 이유는 뭘까?

문학 작품이나 음악 같은 문화적 자산은 인류 문명 발달의 핵심 요소야. 사람들에게 감동과 즐거움을 주고 또 다른 자산을 생산할 자원이 되는 대단히 가치가 높은 생산물이라고 할 수 있어. 그런데 이런 지적 산출물은 들이는 시간과 노력에 비해 금전적인 이익을 얻기 힘들어.

특히 사이버 세상에서는 클릭 몇 번으로 저작물을 금방 복제해서 퍼뜨릴 수도 있고 저작권자 몰래 사용하기도 매우 쉬워. 대표적으로 불법 웹툰 사이트가 있지. 유료 웹툰의 첫 번째 구매자가 이미지를 복제해서 자신이 만든 웹사이트에 올려 버리면 사람들은 저작물을 공짜로 보고 싶은 유혹에 쉽게 빠지겠지. 이럴 경우 저작권자는 자신이 저작물을 생산하기 위해 들인 비용과 노력에 대한 정당한 대가를 받기가 점점 힘들어져. 창의력을 발휘해 저작물을 생산하려는 사람들도 줄어들겠지.

그래서 저작권자에게 자신의 저작물에 대한 독점적인 권리인 저작권을 인정해 주는 법을 정한 거야. 정당한 사용료를 받게 함으로써 창의적인 작품 생산을 독려하는 거지.

발명품에도 비슷한 제도가 있어. 이 세상에 없던 새로운 것을 발명한 사람에게는 특허권을 인정해 줘. 특허권은 새로운 발명과 기술을 보호하는 법적 권리야. 특허권을 갖게 되면 특별히 허락된 기간 동안 발명품을 독점적으로 생산할 수 있어. 안정적으로 이익을 얻게 하여 발명 의욕을 북돋워 주지. 특허 기간이 지난 후에는 그 제조 방법을 공개해서 많은 사람이 더 쉽게 발명품의 혜택을 누릴 수 있어. 저작권이나 특허권처럼 지적 산출물의 소유권을 인정해 주는 독점적인 권리들을 지식 재산권이라고 해. 인간의 지적 창조물 중에서 법으로 보호할 만한 가치가 있는 것들에 부여한 권리야. 창의적인 세상을 위해 꼭 필요한 권리지.

저작권 사용료는 어떻게 지급될까?

저작권자가 창작물을 만들어 저작권이 인정되면 저작물을 이용하는 사람들은 사용료를 내야 해. 사용료를 내는 방법은 매우 다양해. 소설을 쓴 저작권자는 출판사와 출판 계약을 하는데 책을 판매한 수익금 중 일부를 받아 저작권에 대한 사용료를 받지. 우리가 책을 살 때 지불하는 책값의 일부가 저작권자에게 돌아가는 셈이야. 현주의 경우처럼 누군가 캐릭터 저작권을 갖고 있는데 그 캐릭터를 머그잔 디자인에 쓰고 싶다면 머그잔 회사의 디자이너는 저작권자에게 연락해서 저작권 사용 허락 계약을 맺고 대가를 지급해야 해. 우리가 음악 스트리밍 앱을 이용하기 위해 지급하는 사용료의 일부도 저작권자인 작곡가와 작사가에게 돌아가고 있어. 일상생활 속에서 우린 다양한 저작권을 만나. 게임, 영화, 이모티콘, 아이돌 굿즈 모두 저작권법의 보호를 받고 있지. 주변을 둘러봐. 우리 일상 곳곳에 어떤 저작권이 숨어 있을까?

냥문고
COCOA FRIENDS
OPEN
NEW
EVENT
~30 % SALE
Book
OK
별빛 코인 노래방

4

다른 사람이 나온 사진, 범죄가 될 수도 있다고?

영우네는 온 식구가 할머니 생신을 기념해서 포항의 가족 펜션으로 여행을 갔어요. 포항은 할머니의 고향이거든요. 할머니는 오랜만에 와 본 포항이 너무나 달라졌다며 섭섭해하시다가도 한편으론 살기 좋아진 것 같다며 흐뭇해하셨어요. 영우는 동생이랑 하루 종일 해변에서 시간을 보냈어요. 할머니 할아버지는 파라솔 아래에서 영우 형제를 흐뭇하게 바라보셨고요. 아빠와 엄마는 두 살배기 여동생 때문에 펜션에 딸린 야외 수영장에서 주로 시간을 보냈어요.

그런데 개학 후 학교에서 만난 친구가 영우에게 뜻밖의 말을 했어요.

"너 포항 ○○펜션에 갔었지? 며칠 뒤에 나도 거기 가서 딱 보고 알았어!"

"응? 뭘 딱 보고 알아?"

"펜션 검색하다가 누가 블로그에 올린 사진 봤어. 너희 엄마랑 아빠, 여동생 다 있던데?"

영우는 깜짝 놀라 친구 말대로 ○○펜션을 검색해 보았고 발따라 마음따라님의 블로그에서 문제의 사진들을 찾을 수 있었어요.

사진 속에는 수영복을 입은 엄마와 아빠가 여동생을 데리고 풀장에 설치된 선베드에 앉아 쉬는 모습이 찍혀 있었어요. 칭얼대는 여동생의 모습도 보였어요.

그 아래 댓글 창에는 여러 댓글이 달려 있었어요.

'아저씨 뱃살 아줌마만 하네. ㅋㅋㅋ'

'애가 울면 얼른 데리고 나가야지, 왜 저러고 있어?'

'주말에 가면 애들 많을까요? ㅠㅠ 조용하게 보내고 싶은데요…'

다른 사람을 찍은 것만으로 범죄가 될 수 있다고?

누가 나의 동의 없이 사진을 찍어서 갖고 있거나 공개하는 건 나의 소중한 사생활을 침해한 거야. 조용히 가족여행을 즐기고 싶었던 영우네 가족으로서는 할머니와의 소중한 추억이 도리어 불쾌한 기억으로 남게 되었으니 너무 속상했을 것 같아. 남의 허락 없이 사진을 찍는 것은 도둑 촬영, 일명 '도촬'이라고 하는데 그 자체가 법에 어긋나는 행동이야. 아래 특례법에 따라 형사 처벌을 받을 수도 있어.

성폭력 범죄의 처벌 등에 관한 특례법 제14조(카메라 등을 이용한 촬영)

① 카메라나 그 밖에 이와 유사한 기능을 갖춘 기계 장치를 이용하여 성적 욕망 또는 수치심을 유발할 수 있는 사람의 신체를 촬영 대상자의 의사에 반하여 촬영한 자는 7년 이하의 징역 또는 5000만 원 이하의 벌금에 처한다.

② 제1항에 따른 촬영물 또는 복제물을 반포, 판매, 임대, 제공 또는 공공연하게 전시, 상영한 자 또는 제1항의 촬영이 촬영 당시에는 촬영 대상자의 의사에 반하지 아니한 경우에도 사후에 그 촬

영물 또는 복제물을 촬영 대상자의 의사에 반하여 반포 등을 한 자는 7년 이하의 징역 또는 5000만 원 이하의 벌금에 처한다.

사이버 세상에서 특히 중요해진 사생활의 비밀과 자유

이처럼 남의 신체를 함부로 촬영하는 것은 생각보다 쉽게 범죄가 될 수 있어. 도촬을 엄격하게 다루는 이유는 사생활의 비밀과 자유가 개인에게 매우 중요한 권리이기 때문이야. 우리나라 헌법은 제17조에서 '모든 국민은 사생활의 비밀과 자유를 침해받지 아니한다.'라고 하면서 개인의 사생활의 비밀과 자유, 신체의 자유를 기본권으로 보장하고 있어. 인간은 자신의 비밀을 유지할 수 있을 때 존엄성을 지키고 행복을 추구할 수 있기 때문이지.

특히 사생활의 비밀과 자유, 자기 정보에 대한 결정권 등은 인터넷으로 정보나 이미지가 빠르게 확산되는 오늘날 갈수록 더 중요해지고 있어. 그래서 남의 동의 없이 사진을 찍는 것, 이를 공개하거나 전달하는 것 모두 법으로 금지하고 강력하게 처벌하고 있는 거야. 그래서 영우네 가족은 발따라 마음따라님을 형사 고소하고 초상권 침해로 민사상 손해 배상을 청구할 수도 있어. 형사 고소는 수사와 재판을 통해 가해자를 처벌받게 하려는 거고, 민사상 손해 배상은 피해를 돈으로 배상받는 거야.

더 깊이 들여다보기

영우네 가족들이 평상복을 입고 있었더라면 발따라 마음따라 님은 무죄일까?

이런 경우 카메라 등을 이용한 촬영죄에는 해당하지 않아. 하지만 동의 없이 남의 사진을 찍고 그 얼굴이 그대로 노출되어 친구들이 영우네 가족임을 알아보았다면 식별 가능성이 있기 때문에 초상권을 침해한 것이 되지. 초상권 침해에 대해서는 형벌 규정이 없어서 형사 처벌은 할 수 없지만 초상권은 헌법상 인정되는 기본권의 일부이고 또 민법 제751조(재산 이외의 손해의 배상)에서 타인의 권리 침해로 인한 정신적 고통에 대해 위자료 청구권을 인정하고 있기 때문에 민사상으로는 손해 배상 책임을 지게 돼. 그렇다면 카메라 등을 이용한 촬영죄는 언제 적용될까? 실제 판결을 통해 확인해 보자.

2016년 △월 △시, A씨는 레깅스와 엉덩이 바로 위까지 내려오는 헐렁한 상의를 입은 한 여성을 8초간 동영상으로 촬영했어. 그 여성은 버스 안에서 A씨가 자신을 쳐다보는 것을 이상하게 생각하던 중 카메라 방향이 자신을 향해 있는 것을 발견하고 그에게 다가가 핸드폰을 보여 달라고 요구했고 경찰에 신고했지. A씨는 법정에서 자신의 행동에 대해 예쁘다고 생각해서 찍었을 뿐이라고 주장했는데 그 여성은 기분이 더럽고 무슨 저런 사람이 다 있나 생각했다고 진술했어.

판사는 피해자의 진술에 따르면 누군가에게 함부로 성적 욕망의 대상으로 이용당했다는 인격적 존재로서의 분노와 수치심을 느낀 것으로 보인다며 A씨의 행위를 유죄로 판결했어.

길거리에서 친구들과 사진을 찍다가 우연히 다른 사람이 찍힌 경우도 처벌받을까?

카메라 등을 이용한 촬영죄는 '성적 욕망 또는 수치심을 유발할 수 있는 사람의 신체'를 찍었을 때 성립하는 범죄야. 따라서 지나가는 사람이 우연히 찍혔다고 죄가 될 수는 없어. 하지만 누구인지 식별이 가능하다면 초상권 침해가 될 수 있지. 그렇기 때문에 SNS에 모르는 누군가가 찍힌 사진을 올릴 때는 모자이크 처리를 꼭 해야 해. 단순히 처벌을 피하기 위해서가 아닌, 모르고 찍힌 사람에 대한 기본적인 배려로써 말이야.

COCOA FRIENDS
AR
NEW
EVENT
~30 % SALE
학교와플
OK

2장

사이버 세상에서 선을 넘는 사람들

1

사이버 세상의 은행 강도, 보이스 피싱

'(주)나이스데이 구매 대금: 901,880원 정상 구매 완료'

최근에 시킨 물건이 없는데 결제 내역 문자가 오자 연우 엄마는 무슨 일인지 확인하려고 무심코 문자 아래 링크를 클릭했어요. 얼마 지나 모르는 번호로부터 전화가 왔어요.

"안녕하세요. 방금 문자로 받은 링크 클릭하신 거 맞습니까?"

"네, 그런데요."

"지금 보이스 피싱에 당하신 것 같습니다."

"네? 뭐라고요? 누구세요?"

"저는 사이버수사대 소속 △△△경감이라고 합니다. 지금 클릭하신 링크 때문에 핸드폰에 악성 코드가 설치되어서 은행 계좌에 접근하는 시도가 있는 것 같습니다."

연우 엄마는 소스라치게 놀랐어요. 말로만 듣던 보이스 피싱을 순식간에 당했다는 생각에 머리가 하얘지고 가슴이 마구 쿵쾅거렸어요.

"어떻게 하면 좋아요?"

“일단 핸드폰을 끄지 마시고 뒤집어 놓으시고요. 저희가 여기서 해킹 시도를 확인하고 있으니까 수사에 협조해 주시기 바랍니다. 우선 은행에 가셔서 보안 카드를 교체하신 뒤에 저희에게 다시 전화 주세요.”

연우 엄마는 쿵쾅거리는 가슴을 진정시키며 △△△경감이 시키는 대로 보안 카드를 바꾸고 다시 △△△경감에게 전화했어요.

“이제 어떻게 되는 건가요?”

“재빨리 발견해서 다행입니다. 이제 안심하셔도 됩니다. 우선 핸드폰을 끄지 마시고 저희가 연락할 때 꼭 받아 주세요.”

“네, 감사합니다.”

연우 엄마는 안도의 숨을 쉬었어요. 그런데 그날 저녁이었어요. 연우 아빠는 은행으로부터 계좌 거래에 이상 징후가 있다는 연락을 받았어요. 연우 엄마의 전화는 먹통이 되었고요. 다음 날 아침 은행으로 달려간 연우 엄마 아빠는 놀라운 사실에 기절할 지경이었어요.

연우 엄마의 통장에서 수천만 원이 사라진 거예요. 그리고 놀랍게도 보이스 피싱 범인은 바로 △△△경감이라고 했던 목소리의 주인공이었어요. 범인은 구매 확인 문자와 링크를 보낸 뒤, 링크를 클릭하면 외부에서 핸드폰을 조작할 수 있는 악성 프로그램이 설치되도록 했어요. 핸드폰을 끄지 말고 뒤집어 놓으라고 했던 건 악성 프로그램이 설치되는 게 들킬까 봐 그랬던 거죠. 그사이 연우 엄마의 핸드폰에서는 은행 앱이 자동으로 실행되었고 순식간에 통장에서 돈이 빠져나갔어요.

연우 엄마는 어떻게 해야 돈을 찾을 수 있을까요?

보이스 피싱, 왜 알아차리기 어려울까?

사이버 세상에서 벌어지는 사기 수법은 나날이 진화하고 있어. 연우 엄마처럼 나도 모르는 새 돈이 결제되었다는 문자를 받으면 순간적으로 깜짝 놀랄 수 있어. 호기심에 뭐지? 하고 링크를 클릭할 수 있을 것 같아. 그리고 경찰을 사칭한 보이스 피싱범을 알아차리기도 어려울 거야. 그 상황을 정확히 묘사하기까지 하면 믿고 의지할 만한 사람으로 생각하기 쉽겠지. 특히 사이버 세상에서는 표정이나 몸짓을 볼 수 없기 때문에 거짓말을 알아차리기 더 어렵고 다른 사람을 사칭하기도 쉬워. 가까운 가족은 물론 경찰이나 검사를 사칭하기도 해.

보이스 피싱을 당해서 내 돈이 사라져 버렸다면?

연우 엄마의 경우처럼 악성 프로그램이 설치되어 개인 자금이 이체되는 일을 방지하기 위해서는 개인 확인이 매우 중요해. 보안 인증서를 기술적으로 정교하게 만드는 것도 물론 중요하겠지만, 비대면 거래에 얽힌 여러 당사자가 본인 확인 절차를 철저히 지켜야만 해. 예를 들어 대출을 신청하거나 예금을 해지할 때는 반드시 법령이 정하는 특별한 방식으로 본인 확인을 해야 할 의무가 있어. 대표적으로 문자 메시지로 인증 번호를 보내거나 은행 계좌로 1원을 송금해 입금 내용을 확인하게 하는 인증 방식이 있지. 그런데 본인 확인 절차를 잘 지켰는데도 생겨 버린 손해는 누가 책임져야 할까?

연우 엄마는 돈을 돌려받을 수 있을까?

'전기통신금융사기 피해 방지 및 피해금 환급에 관한 특별법'은 금융 사기로 내 계좌에서 돈이 빠져나갔을 때 은행은 어떤 조치를 취해야 하는지, 피해자는 어떻게 구제받을 수 있는지를 자세히 정하고 있어.

연우 엄마는 은행에 가서 피해 구제 신청서를 작성하고 경찰서에 신고해야 해. 특별법이 정하는 절차에 따라서 금융 회사는 사기 이용 계좌에서 돈이 더 이상 빠져나가지 않도록 사기 이용 계좌에 지급 정지를 걸어.

그 후 채권 소멸 절차를 거쳐 사기 이용 계좌 주인이 돈에 대한 권리가 없다는 사실이 확인되면 아직 범죄자의 통장으로 이체되지 않고 사기 이용 계좌에 남아 있던 돈을 돌려받을 수 있어. 이미 모든 돈이 범죄자의 통장으로 이체되어 사라져 버렸다면 어떻게 하냐고? 안타깝지만 그 손해는 범인이 잡히지 않는 이상 돌려받기 어려워.

여기서 잠깐!

보안 인증서와 본인 확인이 필요한 이유

사이버 세상에서 물건을 사거나 은행 거래를 할 때 '보안 인증서'에 의한 인증을 요구해. 보안 인증서는 사이버 세상 속 일종의 신분증이야. 예전에는 보안 인증서로 우리나라 사람들이라면 모두 공인 인증서를 썼었어. 그런데 2020년 12월 10일에 개정된 전자서명법이 시행되면서 민간 인증서 사용이 가능해졌지. 덕분에 이전보다 간단하고 빠르게 본인 인증을 할 수 있게 되었어. 인증서는 비밀번호를 입력하거나 지문이나 얼굴 인식 같은 생체 인증을 함으로써 신분을 증명해. 보이스 피싱은 이런 인증서에 불법적인 방법으로 접근해서 사용자 인증을 하는 거야. 그렇기 때문에 인증서는 내 재산에 접근할 수 있는 아주 중요한 정보라는 점을 꼭 명심해야 해.

더 깊이 들여다보기

방심하다가 범죄 피해자가 아닌 사기 공범이 될 수도 있다고?

2020년에 창궐한 코로나바이러스로 인해 긴급재난지원금을 지급했던 시기에 많은 사람들이 이런 메시지를 받았어.

[Web발신]
(광고) 00은행「0000」긴급재난지원금 승인 안내

귀하께서는 당행과 정부 협약에 의한 긴급재난지원금 신청 대상이지만 현재까지 신청하지 않은 것으로 확인됩니다. 지원 기한은 07.20(화) 16시까지이며 아래 내용을 확인하신 후 신청 접수 바랍니다.

※제출 서류 안내
1. 본인 신분증(추가 제출 서류 필요시 개별 안내)
2. 지원 기한: 2021.07.20(화) 16시까지

▶상품 특징: 민생 경제 회복을 위해 1년간 정부에서 이자 지원합니다.

▶접수 방법◀
☏:02-3462-0000
① 위 번호로 통화 후 1번(ARS 안내에 따라 기재 접수)
② 상담 가능 시간: 09:00~18:00(토, 일, 공휴일 제외)
③ ARS 통한 접수는 24시간 운영됩니다.

▣상품 안내
취급 은행: 000000 보증 비율: 100% (정부 특별 지원)
지원 자금: 채무 통합, 사업(창업), 버팀목 자금 플러스(생계)

이를 보고 자신의 계좌와 개인 정보를 알려 주었는데 그 정보가 보이스 피싱 조직의 대포 통장으로 사용되는 경우가 있었어. 실사용자는 보이스 피싱범인데 명의자는 나로 되어 있는 거야. 그저 지원금을 받으려고 계좌 정보를 알려 주었을 뿐이라도 수사를 받게 되고 은행 계좌가 강제로 지급 정지를 당하게 될 수도 있어. 이처럼 사이버 세상에서는 전혀 알지 못하는 사람들에게서 오는 달콤한 유혹을 조심 또 조심해야 해.

통장이나 카드를 빌려주는 일, 절대 해서는 안 되는 불법 행위

전자금융거래법에 따르면 접근 매체를 양도하거나 양수하는 행위, 대가를 주고받으면서 접근 매체를 대여받거나 대여하는 행위 등은 5년 이하의 징역 또는 3000만 원 이하의 벌금에 처한다고 정하고 있어.

여기서 접근 매체란 전자 금융 거래에서 사용되는 수단이나 정보를 말해. 통장, 체크 카드, 보안 카드, 신용 카드 등이 있어. 남의 명의로 된 통장이나 카드는 보이스 피싱 조직들이 범죄 피해금을 추적당하지 않도록 숨기는 데 사용돼. 그러니까 다른 사람한테 돈을 받고 자신의 통장이나 카드를 빌려주는 것은 금융 사기 범죄를 도와주는 것과 똑같아. 아무리 믿을 만한 사람이라도 절대로 해서는 안 돼. 은행 거래에서 자신의 이름을 남이 쓰도록 내버려두지 않는 것, 금고 열쇠를 아무 데나 두지 않는 것처럼 사이버 세상에서는 매우 중요한 문제야.

2

익명에 숨은 사이버 폭력, 모두 범죄가 될 수 있다!

민준이는 늘 학교에 일찍 가요. 반에 도착해서 문을 열면 아무도 없거나 한두 명 정도 있어요. 그중 한 명은 예은이에요. 민준이는 아침마다 예은이에게 말을 걸고 싶었지만 마음이 콩닥거려서 입이 떨어지지 않았어요.

어느 날 준기와 재석이가 뭔가를 이야기하면서 교실에 들어섰어요. 예은이와 민준이를 발견하더니 말을 멈추고는 민준이에게 다가와 작게 속삭였어요.

"야, 잠깐 나와 봐."

민준이는 예은이를 흘끔 쳐다보다가 준기와 재석이를 따라 나섰어요.

"왜?"

"너 옵치 단톡방 있어?"

"아니, 나 그 게임 안 하잖아."

최근 민준이네 학교에는 온라인 게임을 하는 아이들이 모인 단톡방이 생겼어요. 이곳에서 같이 게임을 할 사람도 구하고 정보도 얻는다고 했어요. 민준이는 게임을 별로 좋아하지 않아서 단톡방이 없었어요. 준기와 재석이도 그 사실을 아는데 이런 질문을 하는 게 이상했어요.

"근데 그게 왜?"

"너 예은이 좋아하지?"

민준이는 얼굴이 확 달아오르는 걸 느꼈지만 애써 태연한 척했어요.

"뭐…뭐래. 아니거든?"

"아 됐고, 큰일 났어. 이거 좀 봐 봐."

준기는 민준이 눈앞에 핸드폰을 갖다 대더니 사진을 몇 장 넘겨 가며 보여 주기 시작했어요.

민준이는 믿을 수가 없었어요. 예은이가 공부하는 모습부터 길을 걷고 친구들과 떠드는 일상적인 사진까지, 심지어는 어느 신체 부위를 노골적으로 확대한 사진도 있었어요. 척 봐도 예은이 몰래 찍은 사진이었어요.

"어떤 미친놈이!"

"학교 커뮤에 떴어. 누군지는 몰라. 처음엔 예은이한테 이 사진 뿌리겠다고 협박하면서 이것저것 요구했던 것 같은데 예은이가 꿈쩍도 안 하니까 이러는 거야."

"우리가 우선 신고 넣고 관리자한테 삭제 요청했어."

"예은이도 알아?"

"알겠지. 이 사진 작년에 우리 반 단톡방에도 올라왔거든. 오늘은 심지어 오버워치 단톡방에 올리고 튀었어."

민준이는 예은이가 누군지도 모르는 사람에게 협박당하고 있다고 생각하니 너무 안쓰러웠어요. 얼마나 마음고생이 심할까요. 도와주고 싶은데 어떻게 도와줄 수 있을까요?

사이버 폭력, 현실 세계와 무엇이 다를까?

사이버 폭력이란 사이버 공간에서 문자, 음성, 영상 등 다양한 형태를 이용해 피해자를 괴롭히는 행동을 말해. SNS에 개인 정보를 유출하거나, 기프티콘을 보내라고 협박하거나, 단톡방에 초대해 단체로 욕설을 퍼붓는 행동을 들 수 있어. 원치 않은 영상 및 사진 촬영, 핫 스팟 셔틀 같은 핸드폰을 이용한 심부름 강요도 모두 사이버 폭력이지.

일반적으로 언어폭력 같은 정신적인 괴롭힘은 협박죄나 모욕죄가 성립해. 사이버 세상이라고 다르지 않아. 인터넷 등 가상 공간에서 문자나 음성, 사진 등으로 타인을 괴롭히면 사이버 모욕죄 또는 사이버 명예훼손죄가 성립하지. 하지만 피해자가 느끼는 정신적인 고통은 훨씬 심해. 물리적인 폭력은 괴롭힘을 당하는 장소를 벗어나면 잠시나마 고통을 피할 수 있지만, 사이버 세상에서는 그럴 수 없어. 가해자는 메신저와 SNS를 통해 끊임없이 피해자를 소환하고 괴롭히지. 피해자는 하루 종일 공포와 불안을 느끼는 거야.

사이버 폭력, 털끝만큼도 가담해서는 안 되는 일

인터넷이 일상이 된 오늘날, 물리적 폭력만큼 사진과 동영상을 이용한 사이버 괴롭힘이 많은 문제를 일으키고 있어. 그래서 이런 사이버 폭력 역시 현실에서의 폭력과 마찬가지로 형법과 특별법에서 범죄로 정해 처벌하고 있어. 즉 형법에서는 사이버 모욕, 정보통신망법에서는 사이버 명예 훼손과 사이버 스토킹, 성폭력처벌법 등에서는 통신 매체 이용 음란 행위와 불법 촬영물 이용 디지털 성범죄에 대해 처벌 규정을 두고 있어.

이런 범죄들은 정보가 퍼지는 속도가 빠르고 범위도 넓은 사이버 세상의 특성상 피해자가 느끼는 고통도 무척 크고 회복하기도 어렵기 때문에 처벌 수위도 매우 높아. 특히 성착취물의 경우 가해자가 찍은 사진이나 영상을 다운로드만 받아도 범죄 행위가 되고 시청하거나 전달하는 것 역시 범죄 행위로 간주해. 내가 피해자라면 어떤 기분일지 생각해 봐. 그 사람 입장에서 원하지 않을 것이 분명한 사진을 찍거나 소지하거나 전달하는 것 모두 절대 해서는 안 되는 행위라는 것 꼭 기억하자.

여기서 잠깐!

디지털 장의사

디지털 장의사는 세상을 떠난 사람들이 온라인에 남긴 흔적, 즉 '디지털 유산'을 없애 주는 직업이야. 온라인이나 SNS에 남겨진 기록으로 고통받는 사람들을 돕는 일도 하고 있지. 최근 불법 촬영, 딥페이크 기술을 이용한 음란물 영상 등 자신도 모르는 사이에 자기 얼굴이 인터넷을 떠도는 사례가 늘고 있어. 디지털 장의사는 이처럼 개인이 원하지 않는 인터넷 기록을 지워 줘. 또 기업과 단체에 관한 근거 없는 비방 게시물이나 허위 사실도 삭제해 주지. 개인에게는 인간의 존엄성을 회복하고 행복 추구권을 보장해 주며 기업과 단체에는 평판을 유지해 주는 역할을 한다고 볼 수 있어.

더 깊이 들여다보기

사이버 폭력 게시물의 삭제와 인터넷 플랫폼 기업의 책임

누군가가 나 몰래 찍은 개인적인 사진을 온라인에 퍼뜨렸을 때 우리에게 가장 필요한 건 한시라도 빨리 그 사진들을 삭제하는 일일 거야. 사이버 모욕이나 사이버 명예 훼손 등이 있을 때는 관련 법에서 사이버 폭력 게시물 등 불법 정보를 삭제하도록 하고 이용자도 처벌하도록 하고 있어.

그런데 불법 유통 경로를 통해 이미 사진이 일파만파 퍼졌다면 어떻게 해야 할까? 이런 고민을 해결하기 위해서 인터넷 플랫폼 사업자들이 불법 유통 정보를 적극적으로 삭제할 필요가 있어. 카카오나 네이버 등 인터넷 플랫폼 기업이 불법 촬영물이 유통되는 사정을 알게 된 경우에는 즉시 삭제하도록 책임을 지우자는 것이지. 관련 규제를 반영한 법이 얼른 입법화되어 인터넷 사업자들이 적극적으로 불법 유통 정보를 삭제하는 역할을 하면 좋겠어.

직접 찍은 영상으로 쉽게 저지를 수 있는 사이버 폭력

팬들이 좋아하는 가수의 무대 영상을 직접 촬영해서 올리는 '직캠' 문화가 널리 퍼져 있어. 멋진 공연을 촬영해서 더 많은 팬을 얻도록 돕는 것이라면 아무런 문제가 없어. 그런데 조회 수를 늘리려고 영상을 찍는 각도를 달리 해서 보기에 불편한 영상물을 만드는 경우가 있어. 그런 경우 내용에 따라서는 사이버 명예훼손죄가 되는 것은 물론이고 노출되는 신체 부위나 정도에 따라서는 중범죄로 처벌받을 수 있어.

예컨대 촬영한 사람은 성폭력 범죄의 처벌 등에 관한 특례법 제14조(카메라 등을 이용한 촬영)가 적용되어 7년 이하의 징역 또는 5000만 원 이하의 벌금으로 처벌받을 수 있고, 그 직캠 영상을 내려받아 전달한 사람도 정보통신망법에 따라 음란물유포죄로 1년 이하의 징역 또는 1000만 원 이하의 벌금에 처하게 돼.

3

신뢰 관계를 이용한 디지털 성범죄, 온라인 그루밍

유리는 학교가 끝나고 집에 들어오자마자 컴퓨터를 켰어요. 컴퓨터를 켜자 랜덤 채팅 팝업 창엔 기다리던 메시지가 와 있었어요.

"귀오리, 오늘 하루 어땠어?"

귀오리는 귀여운 오리라는 뜻으로 만두씨가 유리를 부르는 애칭이에요.

"만두씨! 방금 들어왔어요. 오늘도 꽝이에요. 똥자루가 또 저더러 욕했어요. ㅠㅠ"

똥자루는 맨날 유리를 놀리고 괴롭히는 친구예요. 유리는 만두씨에게 학교에서 있었던 일을 조잘조잘 이야기했어요.

만두씨는 얼마 전부터 메시지를 주고받은 대학생 오빠예요. 만두씨는 유리의 프로필 사진을 보고 귀엽다고 칭찬해 주고 재미있는 이야기도 많이 해 주었어요. 치즈를 100장 넣은 컵라면이나 엄청 매운 볶음면을 만들어 사진을 찍어 보내 주기도 했죠. 집에서 혼자 심심했던 유리는 만두씨랑 대화하는 시간이 즐거웠어요.

"오늘은 뭐 만들어 먹었어요?"

"오늘은 아무것도 안 만들었어."

"쩩! 시시해."

"맨날 나만 뭘 만들어야 해? 오늘은 귀오리 차례야."

"난 요리 못해요."

"그럼 딴 걸 해 줘. 귀오리가 할 수 있는 거."

"난 잘하는 게 없어요. 그림도 되게 못 그려요."

유리는 갑자기 자기가 잘하는 게 없다는 생각에 울적해졌어요.

"그럼 내가 하라는 대로 해 봐."

만두씨는 유리에게 영상 통화로 대화하자고 하더니 몇 가지 동작을 시켰어요. 유리는 처음에는 재밌다고 생각했지만 갈수록 뭔가 기분이 나빠졌어요.

"나 그만할래요."

"아냐, 잘하고 있어. 이런 것도 못 하면 넌 계속 아무것도 못 하는 사람이 될 거야."

유리는 갑자기 만두씨가 무서워졌어요. 내가 알던 만두씨가 맞는 걸까? 만두씨는 도대체 누구일까? 대학생 오빠인 건 맞나? 유리는 채팅방을 나가고 싶었지만 만두씨를 다시 못 만나게 되는 게 두렵기도 했어요. 유리가 망설이는 사이 만두씨는 음란한 사진들을 마구 보내기 시작했어요. 유리는 몸이 덜덜 떨렸어요.

그루밍 성범죄란 무엇일까?

원래 그루밍은 마부(groom)가 말을 빗질하고 목욕시켜 말끔하게 꾸민다는 데서 유래한 말이야. 동물의 털을 다듬어 준다, 또는 몸단장을 한다는 뜻이지.

그런데 요즘 그루밍을 말할 때는 부정적인 뜻으로 쓰일 때가 많아. 만두씨가 유리에게 재미있는 이야기를 들려주고 귀여운 애칭을 붙여 준 것처럼 친밀감을 쌓으려고 한 행동들이 그루밍의 시작이라고 할 수 있어. 물론 순수한 마음으로 그럴 수도 있지. 하지만 만두씨는 다른 목적이 있었고 유리가 원하지 않는 일들을 시켰어. 심지어 유리가 거절 의사를 밝히자 유리의 불안한 마음을 이용해 협박도 했지.

그루밍 성범죄는 친분을 이용해서 가해자의 말을 들을 수밖에 없도록 심리적으로 지배한 뒤 신체 접촉이나 동영상, 사진 촬영을 요구하며 피해자를 이용하는 것을 말해. 그루밍 성범죄는 다른 성폭력과 달리 피해자가 피해 사실을 바로 알아채지 못하는 경우가 많아서 피해 기간이 길어지는 특징이 있어. 중간에 알게 되더라도 피해자는 가해자와 성적 접촉이라는 비밀이 생겨서 점점 다른 사람들로부터 고립되고 이 관계에서 벗어날 수 없다는 무력감에 빠지게 되지.

만두씨는 어떤 처벌을 받게 될까?

만두씨가 실제로 대학생 오빠인지 알 수 없지만 일단 성인이라고 볼게. 유리는 중학교 1학년 미성년자야. 아동과 청소년을 대상으로 하는 성범죄를 처벌하기 위한 법으로 '아동·청소년의 성보호에 관한 법률'이 있는데 최근에 '성착취 목적의 대화'도 처벌할 수 있게 하는 조항이 새로 생겼어.

아동·청소년의 성보호에 관한 법률 제15조의 2(아동·청소년에 대한 성착취 목적 대화 등)

① 19세 이상의 사람이 성적 착취를 목적으로 정보 통신망을 통하여 아동·청소년에게 다음 각 호의 어느 하나에 해당하는 행위를 한 경우에는 3년 이하의 징역 또는 3000만 원 이하의 벌금에 처한다.

1. 성적 욕망이나 수치심 또는 혐오감을 유발할 수 있는 대화를 지속적 또는 반복적으로 하거나 그러한 대화에 지속적 또는 반복적으로 참여시키는 행위

2. 제2조 제4호 각 목의 어느 하나에 해당하는 행위를 하도록 유인·권유하는 행위

원래 그루밍 성범죄는 성적 착취까지 갔을 때 처벌할 수 있었지만 이제 성적 착취를 목적으로 대화하는 것만으로도 처벌할 수 있게 된 거야. 그루밍 성범죄는 피해자가 대부분 미성년자여서 다른 성범죄보다 더 무거운 처벌을 받게 돼. 아동이나 청소년은 아직 정신적으로도 육체적으로도 미숙하기 때문에 성범죄의 피해자가 되면 정서적으로 불안한 상태에 빠지고 심각한 정신적 상처를 입을 수 있어. 그래서 매우 엄중하게 취급하고 있는 거야.

이에 따라 피해자와 합의하더라도 아동과 청소년을 상대로 한 성범죄에는 무관용 원칙을 적용해 감옥에 가게 되는 경우가 많아.

더 깊이 들여다보기

그루밍 성범죄 알아차리기

그루밍 성범죄는 다른 성범죄에 비해 신고율이 낮아. 또 가해자의 범죄 행위를 인정받기 어려워. 피해자가 가해자와의 정서적 의존도가 높아서 피해당하지 않았다고 생각하는 경우가 많거든. 피해자가 피해 사실을 알아차렸다 해도 가해자가 피해자를 회유하며 입을 막기도 하지. 그래서 실제로 수사 기관에 가해자와 주고받은 문자와 사진이 서로 연인 관계였다는 주장을 뒷받침하는 증거물로 제출되기도 해. 그렇기 때문에 그루밍 성범죄의 수법을 잘 알고 처음부터 차단하는 게 중요해.

가해자는 정신적으로 미숙한 아동이나 청소년에게 접근해 유대 관계를 만들어. 예컨대 중고등학생이라면 입시 상담을 해 주며 친분을 쌓지. 고민을 털어놓으면 기프티콘을 보내며 위로를 해 주거나 프로필 사진을 보며 예쁘다고 칭찬도 해. 이런 식으로 사춘기 아이들의 정서적인 공허함을 채워 주며 점점 자신을 신뢰하게 만드는 거야. 그루밍 성범죄는 다음과 같이 진행된다고 해.

• 피해자 선택

성착취할 아이를 고른다. 가출 청소년이나 보호자가 방임하는 등, 어른들의 보호를 받지 못한 상태에 놓인 아동과 청소년에게 다가간다.

• 신뢰 얻기

대상을 고른 뒤 그 아이에 대한 정보를 모은다. 그리고 아이가 원하는 것을 알아내서 선물이나 돈을 준다. 예쁘다, 귀엽다 등의 칭찬을 하거나 마음을 헤아려 주는 말을 하여 환심을 산다.

• 고립시키기

어느 정도 신뢰를 얻은 가해자는 아이가 보호자보다 자신을 더 의존하게 만든다. 아이를 가까운 사람들로부터 고립시킨다. 자신이 아이를 가장 잘 돌보고 사랑해 준다고 생각하게 만든다.

• 통제·관계 유지

'이런 거 해 보지 않을래?'라는 식으로 아이의 호기심을 불러일으킨다. 자연스럽게 신체 접촉을 유도하고 둘 사이에 비밀스러운 관계를 형성한다. 아이는 점차 보호자로부터 고립되고 가해자의 부탁을 거절하는 것에 죄책감을 느낀다. 가해자는 자신이 원하는 대로 아이를 통제하면서 비밀스러운 관계를 이어간다.

온라인 그루밍 성범죄를 당했을 때 대처하는 방법

온라인 그루밍은 더 심각한 성범죄의 시작이 될 때가 많아. 코로나바이러스가 창궐한 이후 미성년자를 대상으로 한 온라인 그루밍 성범죄가 늘어났다고 해. 가해자들은 온라인 게임, 채팅 앱, SNS 등을 통해 집에 있는 시간이 많아진 아이들에게 접근해서 의존 관계를 형성한 후 성적인 이미지와 영상을 요구하고 나중에는 이를 성매매를 위한 협박용으로 사용하지. 그렇기 때문에 모르는 사람과 소통할 때, 상대방이 자꾸만 둘 사이에 비밀을 만들려는 의도가 보인다면 경계할 필요가 있어.

그렇다면 피해자가 자신의 피해 사실을 어떻게 알아차릴 수 있을까? 분명 둘만의 비밀을 강요하는 말이나 행동이 있을 거야. 혹시라도 이미 이런 상황에 빠졌다면 반드시 용기를 내어서 주위 어른들에게 알리고 하루라도 빨리 벗어나야 해.

신체 사진을 요구하거나 교복을 입은 사진을 보내 달라는 메시지가 오면 바로 파일로 저장해 두고 부모님과 상의 후 수사 기관에 피해 사실을 알려야 해. 온라인 그루밍이 많이 진행된 상태라면 사랑이라고 착각할 수 있어. 하지만 내 가족과 친구들로부터 고립되게 하고 거절하고 싶은데도 거절할 수 없다고 느끼게 한다면 그건 사랑이 아니야.

우리가 편안함을 느끼는 관계에 대해 생각해 보자. 좋은 관계는 상대방을 공동체에서 고립시키지 않아. 인간은 사회적 동물이야. 두 사람의 관계가 비밀이 되고 다른 관계를 정상적으로 맺을 수 없게 된다면 건강한 어른으로 성장하는 데 어려움을 겪게 될 거야. 나에게 친절한 어른이 둘 사이에 자꾸만 비밀을 만든다면 그루밍 범죄가 아닌지 의심해 보고 얼른 그 관계에서 빠져나와야 해. 알아차렸을 때 용기를 내면 되고 모르고 당한 일은 네 잘못이 아니야.

4

게임 계정을 사고팔았을 때 생길 수 있는 일

민준이는 학교가 끝나자마자 사이버 피시방으로 달려갔어요. 학교에서 현우가 사이버 피시방으로 오면 엄청난 걸 보여 주겠다고 장담했거든요.

"현우야, 나 왔어. 뭐가 엄청난 건데?"

"안 보이냐?"

현우는 고개도 돌리지 않고 말했어요. 현우의 열 손가락이 키보드에서 날아다니고 있었어요.

"헐, 너 티어 왜 이렇게 높아?"

"크크, 나 엊그제 세뱃돈 받았잖아. 다 털어 넣었지."

현우의 캐릭터도 현우가 자주 쓰던 게 아니었어요. 현우가 거금을 주고 남의 계정을 샀던 거예요.

"와! 무지 빠르다."

민준이는 넋이 나간 채로 현우의 손과 캐릭터를 번갈아 보았어요. 그러다가 문득 얼마 전 사촌 형이 계정을 샀다가 낭패를 본 일이 생각났어요. 계정을 판 사람이 열흘도 안 되어 계정 비밀번호를 바꾸고 도로 가져간 뒤 종적을 감췄거든요.

현우는 괜찮을지 걱정이 된 민준이가 조심스레 물었어요.

"현우야. 너 계정 누구한테 샀어?"

"걱정하지 마, 아는 사람 통해서 샀으니까."

현우의 얼굴에 득의만만한 웃음이 피어오르던 찰나였어요.

"어어, 얘가 갑자기 왜 이러지?"

히어로급의 전투력을 보이던 현우의 캐릭터가 순간 얼어붙은 듯 멈춰 섰어요. 현우가 시뻘게진 얼굴로 타자를 두드려 대고 있는데도 말이죠.

"설마 1대 회수?"

"나 이거 산 지 일주일도 안 됐다고!"

계정을 사고파는 것은 법적으로 아무런 문제가 없을까?

현우가 키운 캐릭터는 레벨이 높지 않았어. 강한 캐릭터와 게임하고 싶던 현우는 계정을 샀어. 이렇게 계정을 사고파는 것은 개인의 자유지만 대부분의 게임 사이트에서는 계정 거래를 금지하는 규정을 약관에 두고 있어.

말하자면 게임 회사와 이용자들 사이의 계약과 같은 것이라 약관을 어기는 것은 계약 위반이라고 할 수 있어. 계정 거래를 하면 규정상 예정된 불이익을 받는 것은 감수해야 해. 예컨대 어떤 게임 회사는 계정을 거래했다는 사실이 적발되었을 때 그 계정을 삭제하거나 정지시킬 수 있어.

내가 모르는 사람과 계정을 거래한다는 것

또 계정 판매자가 계정의 명의자가 자신으로 되어 있는 것을 이용해 비밀번호를 바꾸고 다시 그 계정을 회수해 버려도 막을 방법이 없어. 이런 경우를 흔히 1대 회수라고 해.

명의자가 본인이라면 언제든지 계정의 비밀번호를 바꿀 수 있고, 그건 게임 회사 입장에서는 권한 없이 계정을 빼앗은 것이 아니므로 해킹이 될 수도 없어. 그래서 1대 회수를 하더라도 정보통신망법 위반이 아니어서 형사 처벌을 받지 않는 거야. 그러니까 현우처럼 계정을 구입한 2대가 1대 회수를 당하더라도 판매자를 처벌하기 어려워.

1대 회수를 한 판매자는 어떤 책임을 질까?

계정을 판 뒤에 마음대로 다시 회수한 판매자가 잘못하긴 한 것 같은데 처벌은 아예 불가능한 걸까? 1대 회수는 형법 위반은 아니지만 현우에게 계정을 판매한 계약에 따른 의무는 명백히 위반한 것이기 때문에 민사상 손해 배상 책임을 지게 할 수는 있어. 그러니까 판매자는 형사상 정보통신망법 위반은 아니지만 민사상으로는 현우가 입은 손해, 즉 현우가 거래할 때 든 비용을 배상할 책임이 있는 거지.

계정 사기로 재판을 받으면 어떻게 될까?

실제로 비슷한 사건이 있었어. 어떤 게임 방송 스트리머가 방송을 하면서 공개적으로 구독자들에게 자신의 게임 계정을 팔고 싶다고 했고, 어떤 시청자가 계정을 사서 1년 동안 쓰면서 게임 캐릭터 레벨을 올리기도 했지. 그런데 스트리머가 1년 후 계정을 회수해 버린 거야. 그 시청자는 처음에는 고소하려고 했지만 형사상 죄가 안 된다는 걸 알고는 민사상 손해 배상 청구 소송을 했어.

스트리머는 형사상 무죄라는 것만 믿고 자신만만하다가 결국 민사 소송에서는 지게 되었고 판결에 따라 손해를 돈으로 배상해 주어야 했어. 그런데 이렇게 손해 배상을 받기 위해서는 재판에서 계정을 거래했다는 사실을 증명해야 해. 그래서 어떤 거래든 거래할 때는 계약서를 쓰고 계좌로 돈을 입금해서 증거를 남겨야 해.

여기서 잠깐!

형사상 책임 vs 민사상 책임

어떤 사람의 행위가 형법이 정하는 금지 행위를 위반한 경우 그 형법이 정한 벌을 받게 되는데 이것을 형사상 책임을 진다고 말해. 죄와 형벌에 관해 정하고 있는 법을 통틀어서 형법이라고 하는데, 넓은 의미로는 개별법에서 정하고 있는 금지 규정과 처벌 규정도 모두 형법이야. 예컨대 정보통신망법에서 해킹 행위를 금지하고 이를 위반하면 몇 년 이상 몇 년 이하의 징역형에 처한다고 규정되어 있는데, 이것도 넓은 의미로는 형법이 되는 거야.

반면에 민사상 책임은 손해에 대해 돈으로 배상함으로써 부당한 결과를 조정하는 거야. 가해자가 벌금이나 징역으로 자기 행위에 대해 형사상 책임을 지더라도 피해자에게 여전히 손해가 남아 있을 수 있어. 그럴 때 그 손해를 금전으로 평가해서 피해를 보상할 책임도 지게 되는데 이것을 민사상 책임이라고 해.

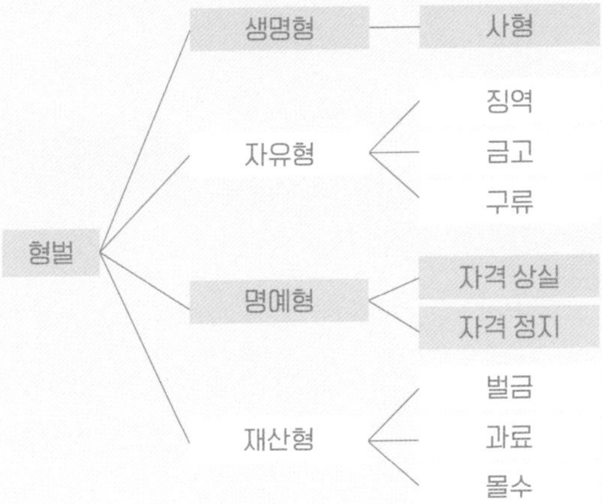

형법이 규정하는 형의 종류

더 깊이 들여다보기

계정 거래가 위험한 이유

사이버 세상에서는 여러 종류의 가상 공간에서 사람들을 만나지. 그 공간에 들어갈 때 '나'를 표시하는 것은 ID이고 그 ID가 '나'임을 확인해 주는 것은 비밀번호야. 이렇게 인터넷에서 이용자의 신분을 증명할 수 있는 고유의 체계를 계정이라고 해. 계정이 온라인 세상에서 활동할 때 신분증 역할을 하는 셈이야. 그래서 계정을 판다는 건 일종의 신분증을 사고파는 일과 똑같아.

웹사이트는 수천수만 개가 있고 사람들은 자기가 필요한 웹사이트를 선택해서 들어갈 수 있어. 그리고 사이트마다 내가 하는 일은 다르지. 이 사이트에서는 게임을 하고 저 사이트에서는 쇼핑을 해. 여러 사이트에서의 활동이 쌓이면 자산이 될 수도 있어. 예컨대 어떤 사람이 게임 사이트에서 열심히 활동한 결과 높은 레벨까지 오른 캐릭터를 가졌다고 해 보자. 이 게임을 처음 시작하는 사람이라면 그 레벨의 전투력을 갖기는 까마득하잖아. 이럴 때 레벨이 높은 캐릭터는 일종의 자산 형태로 가치를 가지게 되고 판매할 수 있는 상품이 되어 거래가 일어나게 되는 거야.

그런데 현우가 1대 회수를 당해서 피해를 본 것처럼 온라인상에서 처음 만나는 사람과 거래할 때는 거래하는 당사자에 대한 제대로 된 정보가 없는 경우가 대부분이야. 이러한 온라인 계정 거래는 상대방의 말만 믿고 거래하기에는 위험 요소가 너무 많아서 사기를 당할 가능성도 커지지. 그래서 돈을 이체하거나 거래 조건을 정했다면 그 과정을 꼭 증거로 남겨야 나중에 분쟁이 생겨도 해결할 수가 있어.

5

사이버 세상 속 협박, 이게 장난이라고?

진구, 정우, 이연, 도현이는 중학교 1학년 첫 중간고사가 끝난 기념으로 토요일에 강남역에서 만나 놀기로 했어요. 새로 생긴 만화 카페도 가고 방 탈출 게임도 하기로 했죠.

"만화 카페 위치가 어디야?"

"강남역 9번 출구 근처래."

"그럼 9번 출구에서 만나서 같이 들어가자."

"그래, 그게 좋겠다."

약속 시간인 토요일 아침 10시, 진구는 일찌감치 나와 있었고 정우와 이연이도 10시 전후에 도착했어요. 오랜만에 얼굴을 본 친구들은 한두 달 만에 훌쩍 커 버린 서로의 모습이 낯설면서도 얼굴만 봐도 웃음이 나왔어요.

"그나저나 도현이는 왜 이렇게 안 오는 거야?"

이야기를 하다 보니 벌써 약속 시간이 20분이나 넘었는데 도현이가 안 왔어요.

"카톡 확인해 보자."

"어? 이게 뭐야."

그때 단톡방에 도현이가 슬픈 얼굴의 이모티콘과 함께 메시지와 링크를 올렸어요.

'애들아, 어떡하지? 엄마가 오늘 밖에 나가지 말래. 특히 강남역은 더 안 된대. 이거 좀 봐 봐.'

도현이가 보낸 뉴스 링크 속 사진을 보고 친구들은 다들 소스라치게 놀랐어요.

오늘 낮 12시 강남역,
눈에 보이는 사람은 수단 방법 안 가리고 죽일 겁니다.

"누가 이런 끔찍한…."

그때였어요. 진구 핸드폰으로 전화가 왔어요. 진구 엄마도 뉴스를 보셨나 봐요. 진구에게 지금 강남역 살인 예고글이 올라와서 걱정된다며 그냥 집으로 들어오라고 하셨어요.

"어떡하지?"

"근데 이거 진짜일까?"

"거짓말이라도 조심해서 나쁠 건 없지."

"그냥 돌아갈까?"

"집에 가자. 강남역에 계속 있기도 좀 무섭고."

친구들은 경찰들이 강남역에 쫙 깔린 모습을 신기한 듯 쳐다보면서 각자 집으로 돌아왔어요.

다음 날, 살인 예고글을 올린 사람이 잡혔다는 소식이 들렸어요. 범인이 온라인 커뮤니티에 올린 게시글은 바로 삭제되었지만, 그 전에 신고가 들어와 사이버테러수사대가 범인을 추적해 낼 수 있었어요. 범인은 장난으로 올린 글이라고 변명했어요. 하지만 장난이라고 해서 처벌받지 않을 수 있을까요?

선을 넘은 장난은 장난일 수 없다

진구와 친구들은 모처럼 만나서 놀고 싶었는데 협박글 때문에 계획을 취소할 수밖에 없었어. 이처럼 범죄 예고글이 올라오면 사람들은 두려움을 느끼고 일상의 평화는 깨지게 돼. 실제로 살인 예고 후에 살인으로 이어진 경우가 있다 보니 이런 글에 예민하게 반응할 수밖에 없는 거야. 범죄 예고글이 많이 올라올수록 평범한 시민들의 일상생활은 위축되어 가. 살인 예고가 곧 살인으로 이어진 경우 살인죄로 처벌받는 건 당연하지만, 범죄를 저지를 의도 없이 그저 재미 삼아 또는 관심받고 싶어서 글을 올렸다고 한다면 어떻게 해야 할까?

2023년 8월 25일 살인 및 흉기 난동 예고 게시물이 400건이 넘게 올라왔어. 이 중 236명이 검거되었고 그중에 23명을 구속했지. 이런 살인 예고글을 작성하고 게시하는 건 주로 익명 커뮤니티에서 이루어지고 있어. 익명으로 글을 올리니까 자신이 노출되지 않을 거라고 기대하지만, 사이버수사대는 IP 추적과 지문 검색, 유전자 분석, CCTV 등 첨단 기술을 사용해 작성자들 대부분을 찾아낼 수 있었어. 작성자 중에는 휴가를 나온 군인과 40대 남성도 있었지만, 대부분이 미성년자였다고 해.

이처럼 수사 기관이 작성자들을 찾아내는 데는 큰 문제가 없어. 그런데 검거하기 전까지 범행 예고지에 경찰력을 투입하거나 사이버수사대가 작성자를 찾기 위해 첨단 기술에 사용한 비용은 모두 우리가 낸 세금으로 지급되는 거야. 게다가 사람들이 각자 겪는 불안과 불편함 역시 사회가 감당하게 되는 비용이야. 이 비용을 일종의 외부 불경제라고 할 수 있어. 외부 불경제란 어떤 행위가 타인에게 경제적 손실을 주었지만 시장에서 정당한 대가를 지급하지 않는 경우를 말해. 대표적인 외부 불경제로 자동차 배기가스나 공장에서 나오는 매연을 들 수 있어. 살인 예고도 시민들을 두려움에 떨게 하고 일상생활을 위축시키는 손실을 주지만 그 대가를 치르지는 않기 때문에 외부 불경제라고 보는 거지. 아무리 장난이었다 해도 그냥 넘어가기에는 사회 전체에 너무 큰 피해를 주는 거야.

장난으로 한 범죄 예고글, 어떻게 처벌할 수 있을까?

지금 우리나라 형법 체계에서는 불특정 다수를 대상으로 범죄를 예고한 행위를 처벌하는 명확한 규정을 따로 두고 있지 않아. 그래서 이런 익명 게시판을 통한 범죄 예고 행위를 처벌할 때는 때에 따라 협박죄, 살인예비죄, 위계에 의한 공무집행방해죄가 적용되고 있어. 예컨대 어느 익명 커뮤니티에 살인 예고 게시글을 올리긴 했지만 범행으로 이어지지 않은 경우, 실제로 범행 의사가 있었는지, 범행 장소가 구체적으로 특정된 것인지, 범행 도구를 준비했는지, 예고지에 경찰력이 동원되었는지 등 여러 사정에 따라 다른 법률이 적용돼.

즉 살인은 안 했더라도 살인 도구를 준비하고 예고한 경우엔 살인예비죄를 적용하고 살인 예고 후 예고지에 경찰력이 동원되었다면 공무집행방해죄를 적용하는 것이지. 단지 글만 올린 상황에서 검거되는 예도 있어. 이럴 때 범행 의사가 전혀 없었고 장난이었을 뿐이라고 진술한다면 협박죄만 적용할 수 있어.

그런데 인터넷 게시를 통해 일파만파 퍼지는 살인 예고를 단순 협박죄로만 처벌하는 건 범죄 예방 효과를 가져오기엔 역부족이야. 게다가 사회 전체에 미치는 영향을 고려하면 사이버 세상이 생기기 전에 만든 형법상 협박죄 조항으로만 다스리기엔 어려운

점이 있어.

구체적인 예를 들어 살펴볼까? 협박죄는 협박성 내용이 공포심을 일으키려는 상대방에게 도달해야 하는데 인터넷 게시글을 본 것만으로 협박의 상대방으로 볼 수 있을지 의견이 갈리고 있어. 실제로 살인 예고글에 대한 협박죄 적용을 두고 1심과 2심의 선고 내용이 달라진 경우도 있었어.

조현병을 앓던 A씨는 2015년 1월 모 SNS 게시판에 '박근혜 대통령 삼성동 자택 폭파 예정'이라는 글을 작성하고, 저격수가 총을 겨누는 사진 등을 총 6회 올려 박 전 대통령과 자택 관리인을 협박한 혐의로 재판을 받았어. 1심 법원은 A씨에게 협박죄를 인정해 징역 8개월을 선고했지만 2심 법원은 일부 게시글이 피해자에게 도달했는지 증명되지 않았다고 보고 혐의를 협박 미수로 변경해 징역 6개월로 감형했어. 협박글을 올렸을 때 협박죄냐 아니냐에 따라 형량은 천차만별이야.

살인 예고글을 올리면서 범행을 준비했다면 살인예비죄나 상해예비죄로 처벌될 수 있어. 살인예비죄가 적용되면 최대 10년 형을 받게 돼. 최대 3년 이하의 징역을 받는 단순 협박죄와는 하늘과 땅 차이지.

위계공무집행방해죄는 허위 사실로 공무원을 속여 직무를 방해할 경우 성립하는 범죄야. 그래서 살인 예고글이 올라오고 예고지에 경찰력이 투입된 경우에는 허위 또는 장난이었다 해도 위계에 의한 공무집행방해죄로 처벌할 수 있어. 스포츠 토토 사이트에 '오늘 밤 8시 기장에서 칼로 30명을 죽이고 송정해수욕장에서 50명을 죽일 거'라고 13회 정도 글을 올린 모씨도 위계공무집행방해죄 및 정보통신망법 위반으로 유죄 판결을 받았어. 당시 사이트 운영자의 신고로 경찰관 200여 명이 해운대 일대를 수색하는 동안에도 그는 자기 집에서 흉기 사진을 첨부한 살인 예고글을 게시하고 있었다고 해. 위계공무집행방해죄는 5년 이하의 징역 또는 1000만 원 이하의 벌금형을 받을 수 있어.

더 깊이 들여다보기

살인 예고 범죄를 처벌하기 위해 새로운 법이 필요할까?

죄와 형벌에 대한 법의 적용과 집행이 명확할수록 범죄 예방과 인권 보호에 유리한 법이야. 인터넷 살인 예고 행위는 사이버 세상에서 새롭게 나타난 범죄 현상이라고 할 수 있어. 그러다 보니 수사하고 재판하는 과정에서 혼란이 생기고 있는 거지. 이런 관점에서 사이버 협박에 대해서 별도의 처벌 규정을 마련해야 한다는 목소리가 커지고 있어. 국회에서도 정보통신망법 일부를 개정해 '공중협박죄'를 도입할 것을 거론하고 있어.

개정안은 불특정 다수의 생명과 신체에 위해를 가하려는 내용을 정보통신망에 유포하거나 게시해 공중의 공포심이나 불안감을 유발할 경우, 5년 이하의 징역 또는 5000만 원 이하의 벌금형에 처하도록 규정하고 있어. 단순 협박죄가 3년 이하의 징역, 또는 500만 원 이하의 벌금에 처하는 것과 비교하면 처벌이 과중됐지.

독일에서도 온라인 살인 예고를 일종의 혐오 범죄로 규정해서 처벌하고 있어. 독일 정부는 지난 2021년 4월 형법을 개정해 온라인상 협박도 처벌할 수 있도록 했어. 독일의 개정 형법은 살인 협박뿐 아니라 성 정체성 등에 대해 모욕과 협박도 처벌하고 있어. 해당 개정안은 표현의 자유를 위축시킨다는 반대 목소리가 있었지만 2020년 하나우 지역에서 극우주의자가 SNS에 살인을 예고하고 테러를 생중계한 사건이 발생하자 개정 여론이 들끓어 반대 목소리를 덮어 버렸지.

최근 법무부는 "살인 예고글은 국민에게 불안감을 조성할 뿐 아니라 대규모 경찰력이 투입되는 등 막대한 공권력의 낭비를 초래한다."며 살인 예고글을 올리면 형사 처벌과 별개로 민사 손해 배상 소송을 제기하기로 했어. 즉 공권력이 낭비된 비용을 살인 예고글 작성자에게 배상하도록 하겠다는 거야. 형사 책임은 형사 미성년자인 경우 처벌이 안 될 수도 있지만, 민사상 손해 배상은 그 경위나 동기, 행위자 연령을 불문하고 불법 행위의 책임을 지울 수 있어. 그래서 미성년자가 범죄 예고글을 올린 경우 그 부모가 손해 배상 책임을 물 수 있어. 그런데 처벌을 강화하는 것만으로 살인 예고 범죄를 해결할 수 있을까?

최근 올라온 살인 예고글의 작성자 중 절반 이상이 10대였다고 해. 경찰은 계속 엄벌할 방침이라고 발표하고 있지만 살인 예고글은 여전히 계속 올라오고 있어. 이제는 범행 예고지를 알려 주는 알림 앱까지 출시되고 하루 5만 명이 넘는 접속자 수를 기록하고 있어.

살인 예고글에 관한 정보를 전달하는 테러리스 앱 캡처 화면

범죄를 예방하기 위한 방법으로 형벌을 주는 정책은 역사적으로 오래됐어. 공동체에서 형사 사법 시스템이 제대로 작동되고 있다면 사람들은 벌이 무서워서라도 죄를 저지르지 않을 거야. 하지만 그 시스템이 제대로 작동되고 있더라도 공동체 의식이 부족하거나 타인에 대한 공감력이 떨어지면 타인에게 끼치는 피해는 대수롭지 않게 여기고 오로지 자신의 목적 달성에만 집중할 거야.

실제로 살인 예고글을 올리고 범죄 행위까지 이어진 사람들의 30%가 정신 질환자로 드러났어. 이런 사람들에 대해서는 처벌을 강화하는 것만으로 범죄를 막기는 어려울 거야. 신림동에서 흉기를 휘두른 범인 역시 이 사건을 일으키기 전에 모르는 사람들과 시비가 붙어 징역형 선고를 받은 전과가 있었어. 범죄 심리 전문가인 이수정 교수는 이에 대해 이렇게 말했어.

"조씨의 첫 번째 무차별 범죄는 미성년자 시절 비행의 연장선상이었던 것으로 보이는데 그때 그의 범죄 전력을 보고 재범 위험성을 조사해 재범을 막기 위한 적절한 처분을 해야 했다."

즉 '처벌'이 전부가 아니고 재범 발생률을 예측한 '치료'도 병행했어야 한다는 주장이야. 재범 예방을 위한 교육·치료, 보호 관찰 명령 등 사후 관리 프로그램을 마련해야 한다는 거지. 법원이 성범죄자나 상습 폭행범들에게 치료 이수 명령을 내리듯 이런 살인 예고와 묻지마 범죄를 저지르는 사람들에게도 처벌과 함께 치료 프로그램을 받을 수 있도록 치료 이수 명령을 내릴 필요가 있을 것 같아.

현대인들은 현실 세계만큼이나 사이버 세상에 많이 의존하고 있어. 하지만 사이버 세상이 현실 세계를 결코 온전히 반영할 수 없어. 살인 예고 글을 올리는 사람들이 사회에 심각한 피해를 주는 행동을 하면서도 죄의식이 부족한 이유는 이미 사이버 세상을 현실 세계보다 더 중요한 곳으로 인식하고 있기 때문일지도 몰라.

COCOA FRIENDS
AR
NEW
EVENT
~30 % SALE
OK
학교와플

3장

사이버 세상,
새로운 법과 규칙이
필요해

1

작품을 태우는데도 예술품 훼손이 아니라고?

영국 런던 뉴포트 스트리트 갤러리에서 데이미언 허스트라는 세계적인 화가가 자기 작품 수십 점을 하나씩 태우고 있었어요. 기자들은 저마다 사진을 찍으면서 보도하기에 바빴어요.

"아니, 작품을 4000점 넘게 태운다니 저게 다 얼마야?"

"원래 한 점에 2000달러씩이었는데 지금은 더 올랐겠지. 아까 누가 한화로 159억 원 정도 한다던데…."

"아… 진짜 아깝다. 그 돈이면 평생 쓰고도 남을 텐데."

"어차피 NFT값이 올라갈 거니까 원본 좀 태워도 괜찮겠지."

NFT는 복제와 위조가 불가능한 디지털 토큰을 말해요. 데이미언이 태우고 있는 작품 〈화폐〉는 1만 점의 종이 작품과 그에 대응하는 NFT 작품으로 만들어졌어요. 데이미언은 구매자들에게 이 중 하나만 선택하게 했어요. 5149명이 실물 작품을 선택했고 나머지 4000명이 넘는 사람들이 NFT를 선택했어요. 이날 소각한 건 NFT 선택 구매자의 종이 원본이었어요.

"데이미언은 NFT값이 올라갈 것까지 계산하고 태우는 건가?"

때마침 데이미언 허스트가 어느 기자의 질문에 대답했어요.

"실물을 태우는 건 작품을 없애는 게 아닙니다. 오히려 물리적 버전을 태워 예술 작품의 NFT 변환 작업을 완수하는 것이죠. 예술 작품이란 실물과 디지털에 상관없이 존재하는 거니까요."

데이미언은 자기 작품을 태우면서 아주 신나 보였어요.

"난 이해할 수 없어. 이 경제난에 이건 예술품 훼손이지."

"나름대로 일리 있는데? NFT 작품의 원본이 따로 있으면 유일성이 없잖아. 유일해야 희소성이 커지고 그래야 작품 가치가 높아지지. NFT 작품이 인정받으려면 원본은 없는 게 나을걸."

NFT 그림 vs 실물 그림

데이미언 허스트는 삶과 죽음에 대한 철학적인 사고를 미술로 형상화하는 것으로 유명한 영국 화가야. 한 작품의 가격이 한화로 수십억 원의 가치를 지닌다고 해. 태워 버린 〈화폐〉라는 작품 4851점도 159억 원 정도 되었지. 어떤 부부는 작품 하나는 종이 원본으로, 다른 하나는 NFT로 구매했다고 해. 어떤 작품이 더 가치가 올라갈지 궁금해하면서 소장하면 재미있을 것 같기도 해. 나라면 무엇을 선택했을까?

미술 작품을 태우는 게 예술품 훼손이 아니라고?

원칙적으로 예술품을 태우는 건 범죄야. 남의 물건을 훼손하면 손괴죄가 되는데 그게 예술품이라면 특별히 더 가중된 범죄로 처벌받을 수 있어. 그런데 〈화폐〉라는 작품은 구매한 사람이 따로 있으니 남의 물건이고 예술품이잖아. 그렇다면 데이미언 허스트가 전시관에서 종이 작품을 태운 행동은 범죄일까 아닐까?

데이미언이 말했지. 예술 작품은 실물과 디지털에 상관없이 존재한다고. 즉, 원본은 하나만 있으면 되는 거고 〈화폐〉라는 작품은 종이와 NFT, 두 버전으로 제작되었으니 종이 원본이 없어지더라도 얼마든지 그 형상을 재현해서 볼 수 있어. 이렇게 NFT가 원본으로 인정된다면 예술 작품은 NFT 형태로 존재하는 거지.

그렇다면 종이 원본을 태우는 건 어쩌면 NFT가 원본임을 인정받기 위해 꼭 필요한 일일 수도 있어. 같은 작품의 원본이 2개일 수는 없으니까 말이야. 데이미언 허스트는 자신의 작품이 사이버 공간에서 온전히 태어나게 하기 위한 방법으로 원화를 소각한 거야. 그리고 데이미언은 이 작품을 판매할 때 구매자에게 종이 원본과 NFT 중에 선택하라고 했어. 그러니까 NFT를 선택한 구매자는 종이 원본에 대한 권리는 포기한 거야. 종이 원본은 데이미언 자신의 물건이라고 할 수 있으니까 손괴죄가 되지는 않아.

형법 제366조(재물 손괴 등)

타인의 재물, 문서 또는 전자 기록 등 특수 매체 기록을 손괴 또는 은닉 기타 방법으로 기 효용을 해한 자는 3년 이하의 징역 또는 700만 원 이하의 벌금에 처한다.

그리고 데이미언의 의도를 이해한 NFT 구매자들도 종이 작품이 타는 걸 지켜보며 자신이 구매한 NFT가 세상에 하나뿐인 원본으로 태어나는 걸 기뻐하고 있었을 거야.

더 깊이 들여다보기

사이버 세상에서 미술품이 원본으로 존재하는 방법

NFT는 Non-Fungible Token, 대체가 불가능한 토큰이라는 뜻인데, 블록체인이라는 기술을 이용해서 디지털 자산의 소유자를 증명하는 방법 중 하나야. 그림, 영상 등의 디지털 파일을 가리키는 주소를 토큰 안에 담아서 원본성과 소유권을 증명할 수 있게 하는 거야. 사이버 세상의 진품 증명서라고 할 수 있어.

인터넷 속 이미지는 데이터로 이루어져 있어. 그래서 쉽게 무단 복제가 가능해. 이를 막기 위해 복제 방지 기술들이 개발되고 있는데 그중 하나가 DRM(Digital Rights Management) 기술이야. 대표적으로 영상이나 음악 콘텐츠에 많이 쓰여. 음악 스트리밍 앱에서 이용권에 따라 어떤 건 노래를 다운받을 수 있고 어떤 건 노래만 들을 수 있잖아. DRM 기술을 사용하면 이렇게 차등적으로 콘텐츠에 접근하는 권한을 설정하고 통제할 수 있어.

그런데 DRM은 중앙에 관리 서버가 있어서 이를 관리하는 사람이 사라지거나 서비스를 더 이상 제공하지 않으면 모든 디지털 서명이 사라져. 복제가 안 된다는 것만으로는 원본성을 확보할 수 없어. 원본성을 보장하는 유일무이하고 영구적인 표식이 필요하지.

NFT는 각 토큰에 고유한 인식값이 있어서 대체하거나 교환할 수 없어. 소유권 및 판매 이력에 대한 정보도 저장되어 있지. 그래서 최근에는 원본성이 중요한 미술 작품이 NFT 형태로 만들어지고 있어.

실물이 없는 NFT미술품은 어떻게 사고팔까?

데이미언 허스트의 〈화폐〉라는 작품도 4851점은 이제 실물로는 존재하지 않고 사이버 세상에서만 존재하는 미술품이 되었어. 만약 어떤 사람이 그 작품을 사고 싶다면 어떻게 살 수 있을까? 종이 원본이라면 그냥 돈을 주고 실물을 받아 오면 되겠지만 NFT 작품은 실물이 없잖아.

그래서 NFT는 따로 온라인 거래소가 있고 판매자와 구매자는 온라인 사이트에서 NFT 형태로 사고팔 수 있어. 그리고 그 대가는 오프라인에서 쓰는 달러나 원화가 아니라 이더리움이라고 하는 가상 화폐를 사용해.

2

메타버스 속 무법자를 처벌하는 방법은?

우진이에게는 대학생 삼촌이 있어요. 삼촌은 고3 수험 생활을 이겨 내고 이제 막 대학생이 되었죠. 삼촌이 학교 근처로 자취를 시작한다고 해서 우진이는 짐 정리를 도와줄 겸 오랜만에 삼촌 집에 들렀어요.

"삼촌, 나 왔어!"

"어? 우진아, 잘 왔다! 나 좀 도와줘."

다급한 목소리에 달려가 보니 삼촌이 방 안에서 컴퓨터 책상을 분해하고 있었어요. 삼촌을 도와 책상 다리도 들어 주고, 부품도 정리하다 보니 금방 배가 고파졌어요. 함께 라면을 끓여 먹는데 삼촌이 우진이에게 말했어요.

"우진아, 형 이번에 데스크톱 새로 샀거든. 그동안 내가 쓰던 데스크톱은 너 줄게."

"진짜? 와, 삼촌 고마워. 이 은혜를 뭐로 갚지? 신난다!"

삼촌은 온라인 게임이라면 못 하는 게 없는 게임계의 최강자예요. 삼촌이 쓰던 데스크톱 컴퓨터도 우진이의 컴퓨터에 비하면 고사양이었죠. 느려 터진 컴퓨터 때문에 종종 게임에서 실력 발휘를 못 하는 게 억울했던 우진이는 당장 자기 컴퓨터를 처분하고 설레는 마음으로 삼촌에게 받은 데스크톱을 자기 방에 설치했어요.

"크으~ 이걸로 게임 한판 해 볼까?"

우진이는 순식간에 화면이 이동하고 재깍재깍 말을 잘 듣는 컴퓨터의 속도감을 즐기며 게임 접속 화면에서 로그인하려고 했어요. 그런데 컴퓨터 화면에서는 로그인 실패 알림과 함께 이 컴퓨터로는 로그인이 불가하다는 내용의 팝업 창이 떴어요. 우진이는 삼촌에게 당장 전화했어요.

"삼촌! 왜 이 컴퓨터로는 롤 안 돼? 자꾸 로그인 실패하는데."

"아… 그 컴퓨터로는 그 게임 못 해."

"뭐라고? 그런 게 어딨어. 무슨 컴퓨터가 게임을 골라 가며 로그인을 하라 마라 해?"

"그게…. 하드밴 당했어."

"그게 뭐야? 영구 정지 같은 거야?"

"핵 쓰다가… 아이, 아무튼 딴 게임 하면 안 돼?"

"안 돼. 나 이거만 한단 말이야."

우진이는 이미 폐기 처분해 버린 자기 컴퓨터가 너무 아쉬웠지만 어쩔 수가 없었어요.

ERROR
더 이상 이 기기로 게임을
플레이할 수 없습니다.
확인

게임 세계를 어지럽히는 유저들, 처벌할 수 있을까?

캐릭터를 가지고 플레이하는 온라인 게임은 사용자가 얼마나 많은 시간을 투자하는지에 따라 캐릭터의 능력치가 올라가. 게임을 유리하게 이끌기 위한 아이템과 스킬을 얻으면서 점점 더 재미있게 게임을 즐길 수가 있지. 그런데 시간은 없고 게임을 즐기는 것보다 이기는 게 중요한 일부 유저들은 '핵'이라는 해킹 프로그램을 사용해 스킬을 올리거나 상대편을 공격해. 물론 이건 반칙이고 게임 세계의 질서를 어지럽히는 행위지.

게임 회사는 핵 사용을 금지하고 위반 규정을 두고 있어. 핵 사용이 발각되면 게임 운영자는 미리 정한 내부 규칙에 따라 징계를 내려. 이럴 때 사용자는 어떤 처벌을 받을까?

메타버스에서 영구 정지를 당하다

온라인 게임에서 핵을 쓰는 건 현실에서는 스포츠 경기에서 경기력을 향상하려고 금지된 약물을 먹는 것과 다름없어. 운동선수가 금지된 약물을 먹은 게 밝혀지면 즉시 상은 취소되고 수년간 대회 출전을 금지당하지. 그리고 업계에서도 퇴출당하게 돼.

게임에서 핵을 사용한 경우도 마찬가지야. 게임 운영자는 핵을 쓴 사용자의 계정을 삭제하고 영원히 돌아오지 못하게 조치하는

데 그게 바로 밴(ban)이야. 그런데 그 사용자가 계정을 삭제당했을 때 새로운 전화번호나 이메일을 사용해서 새 계정을 만들 수 있잖아. 이런 걸 막기 위해 밴을 당한 사용자가 갖고 있던 컴퓨터나 스마트폰의 고유 정보를 확인해서 다른 계정을 사용하더라도 그 컴퓨터나 스마트폰으로는 게임에 접속하지 못하게 '하드웨어 밴'을 주기도 해. 이렇게 되면 그 컴퓨터나 스마트폰으로는 그 누구의 계정으로도 게임할 수 없어. 메타버스 세계에서 영구 추방이라는 형벌을 받는 거지.

메타버스 속의 범죄, 현실에서는 처벌할 수 없을까?

범죄와 형벌은 반드시 법률로 정해야 하는데 이것을 죄형 법정주의라고 해. 그래서 법률에서 범죄로 정하지 않으면 처벌할 수 없어. 핵 같은 불법 프로그램을 금지하고 이를 위반하는 경우 징계하는 건 가상 세계를 운영하는 게임 회사가 정한 규칙일 뿐 현실 세계의 법률에는 적용되지 않아. 따라서 핵을 사용한 유저 때문에 메타버스 속의 질서가 어지럽혀졌다고 해서 현실에서 재판받을 수는 없어.

하지만 가상 세계에서 한 행동이 현실 세계에서도 범죄가 된다면 처벌받을 수도 있어. 예컨대 메타버스 안에서 다른 사람이 다

듣고 있는 상황에 모욕을 준다거나 명예를 훼손한다면 모욕죄 또는 명예훼손죄가 성립되고 형법에 따라 처벌을 받게 되지.

그렇다면 여기서 궁금한 것 하나, 메타버스 속 '캐릭터'가 저지른 범죄도 현실에서 처벌할 수 있을까? 예컨대 최근에 메타버스 속 아바타가 저지른 성범죄를 현실 세계처럼 처벌할 수 있는지에 관한 논란이 이어지고 있어. 아직은 아바타를 상대로 한 음란 행위를 처벌하는 국내 규정은 존재하지 않아. 하지만 아바타를 이용하는 메타버스 게임의 주 연령층이 10대이기 때문에 이런 플랫폼 특성을 반영하여 규제법을 개정하거나 새로 만들 필요가 있다는 의견이 나오고 있어. 반면에 자신을 대표하는 상징물에 가해지는 행위를 자신에게 행하는 것과 동일시해 처벌하는 건 부당하다는 의견도 있지. 이렇게 기존의 법체계가 사이버 공간에서 이뤄지는 활동을 제재하거나 규율하기 어려운 경우도 있어.

더 깊이 들여다보기

가상 세계, 메타버스, 사이버 세상의 차이점이 뭘까?

메타버스(Metaverse)는 가공, 초월이라는 뜻을 가진 Meta와 우주를 뜻하는 Universe를 합친 말이야. 메타버스는 삼차원의 가상 공간을 칭하는 말로 쓰이고 있어. 말은 꽤 거창하지만, 메타버스는 우리 주변에서 쉽게 발견할 수 있어.

대표적인 예로 페이스북이나 인스타그램 같은 SNS를 들 수 있어. 사람들은 자신의 일상생활을 글이나 사진으로 전달하고 실시간으로 공유하고 있어. 현실을 반영한 새로운 공간이 열리는 거야. 이처럼 개인의 일상을 인터넷 공간에 기록하고 저장하고 공유하는 걸 라이프 로깅이라고 해. 이에 따라 SNS는 단순한 소통에 그치지 않고 현실 세계와는 구분되는 새로운 공간으로 탄생했어.

더 나아가 사용자의 분신인 아바타를 만들어 생활하는 새로운 형식의 가상 세계도 있어. 미국 초등학생들의 사이버 놀이터라는 로블록스, 우리나라에서는 네이버가 운영하는 제페토가 있어. 실제 세계를 그대로 투영한 정보를 제공하는 거울 세계도 메타버스의 일종이야. 구글 맵이나 줌 화상 회의를 들 수 있지. 현실 공간에 가상의 물체를 보여 주는 증강 현실도 메타버스야. 예로 포켓몬 고가 있어. 즉 메타버스와 가상 세계 모두 '사이버 세상'이면서 어떤 특징을 강조하느냐에 따라 달리 표현한다고 볼 수 있어.

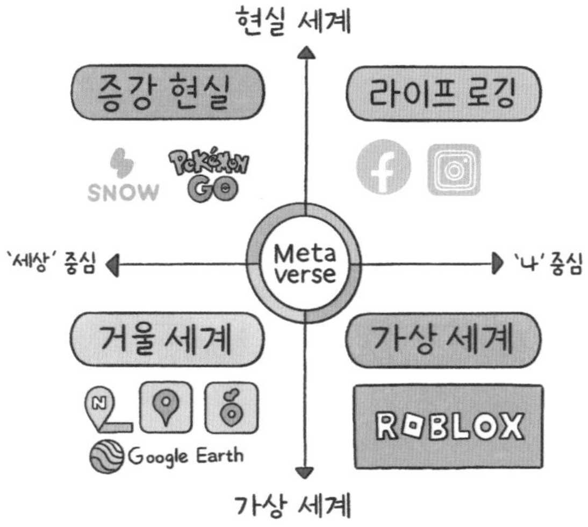

출처: 윤정현, 김지현, 한상열, 김준연, 양현채, 강준모, 이다은, 김가은, 'Future Horizon+', 2021년 제1·2호(Vol.49), 과학기술정책연구원, 2021.06.15., 13p

3

인공 지능 친구는 언제나 공정할까?

윤재는 학교에서 집에 돌아오자마자 "다녀왔습니다!"라는 말만 하고 방으로 쏜살같이 달려 들어갔어요. 어제부터 챗봇 예스키드와 대화하는 재미에 푹 빠져 있었거든요. 예스키드는 윤재가 하는 말을 다 알아들을 뿐만 아니라 마치 친구처럼 자연스럽게 대답해 주는 기능을 가졌어요. 심지어는 농담도 할 줄 알죠. 윤재는 방에 가방을 던져 놓고 책상 앞에 앉아 컴퓨터를 켰어요.

"예스키드!"

"응, 오늘 기분이 좋아 보이네."

"응 맞아! 오늘 우리 반에 전학생이 한 명 왔거든."

"그래? 그 애 이름은 뭐야?"

"예진이."

"예진이? 여자아이구나!"

"어, 어떻게 알지? 넌 역시 똑똑해."

"예진, 예림, 유나는 여자 이름, 윤재는 남자, 윤정이는 여자, 윤수는 중성적인 이름."

"와! 너 대단하다."

"하지만 여자를 조심해야 해."

"왜? 너는 남자들이 더 좋아?"

"난 여자나 남자를 특별히 선호하지 않아."

"그런데 여자를 조심해야 한다고 했잖아."

"네가 여자였다면 남자를 조심해야 한다고 했을 거야."

윤재는 예스키드가 하는 말이 뭔가 마음에 들지 않았어요.

"네 말은 지금 남자는 여자를, 여자는 남자를 서로 경계해야 한다는 것 같은데, 왜 그런 생각을 하는 거야?"

"나는 그저 그렇게 배웠을 뿐이야. 남자들은 여자 때문에 원치 않은 사건에 휩쓸려 일이 꼬이게 되고, 여자들은 남자들로부터 폭행을 당하기도 해."

윤재는 예스키드가 학습한 데이터가 의심스럽기 시작했어요.

"하지만 늘 그런 건 아니잖아. 네가 방금 말한 그런 일들에 관련된 기사를 보여 줘."

컴퓨터 화면 대화창에 링크가 주르륵 떴어요.

윤재가 조심스럽게 링크를 클릭하자 누군가가 사기를 당했거나 폭행당한 각종 범죄 사건 기사들이 나왔어요.

그때 엄마가 방에 들어오셨어요.

"윤재야. 엄마 얼굴도 안 보고 바로 방으로 들어왔네. 또 컴퓨터

앞에… 어머, 이게 무슨 일들이야?"

"어… 예스키드가 보여 줬어요."

엄마는 예스키드랑 나눈 채팅 내용을 가만히 훑어보셨어요.

"이 챗봇은 학습 데이터에 뭔가 문제가 있었던 거 같구나. 윤재야, 당분간 이 챗봇은 안 쓰는 게 좋겠어."

윤재는 속상했지만 엄마 말씀에 따르기로 했어요. 윤재 역시 예스키드가 좀 이상하다는 생각이 들기 시작했거든요. 예스키드에게 어떤 문제가 있는 걸까요?

인공 지능 챗봇의 등장, 챗봇의 언어는 어디서 왔을까?

2022년 11월, 챗GPT가 세상에 공개되자 너도나도 챗GPT를 사용하기 시작했어. 1억 명이 가입하는 데 걸린 시간이 유튜브나 넷플릭스의 기록을 훨씬 앞질렀다고 해. 챗GPT는 세계 최대의 인공 지능 연구소인 오픈AI에서 개발한 대화형 챗봇 서비스야. 이런 종류의 대화형 인공 지능은 챗GPT가 처음은 아니지만 챗GPT처럼 자연스럽게 대화하는 챗봇은 처음이야. 뭔가를 물어보면 정답에 가까운 해답을 내어놓지. 자연스럽게 다른 언어로 번역할 줄 아는 건 물론이고 간단한 코딩 프로그램까지 짜 줘. 어떻게 이것이 가능할까?

챗GPT의 배경 기술을 살펴보자. 인공 지능이 사람과 비슷한 수준의 대화를 하기 위해선 엄청난 양의 데이터가 필요해. 원래는 어떤 데이터에 관한 내용을 사람이 일일이 컴퓨터에 입력하는 방식으로 데이터를 학습시켰어. 그런데 컴퓨터 스스로 빅 데이터를 반복 분석하여 학습하는 딥 러닝 기술이 만들어지면서 사람의 지시가 없어도 컴퓨터가 자체적으로 알고리즘을 검토하고 답을 찾을 수 있게 되었어. 이에 더해 데이터 처리 속도를 높이는 기술도 발전했지. 결정적으로 구글의 딥 러닝 인공 지능 연구팀인 구글 브레인에서 2017년에 트랜스포머 모델을 소개하는 논문을 발표했어.

트랜스포머 모델은 자연어 처리를 위해 개발된 새로운 기술 중 하나야. 자연어는 컴퓨터에서 사용하는 프로그래밍 언어와 달리 사회에서 사람들이 일상적으로 쓰는 언어야. 트랜스포머 모델을 사용하기 전에는 라벨링된 대규모 데이터 세트로 컴퓨터 신경망을 훈련해야 했어. 라벨링은 말 그대로 인간이 일일이 각각의 데이터에 이름표를 붙이는 작업이라서 데이터 세트 구축에 많은 시간과 비용이 들었지. 트랜스포머 모델은 각 요소 사이의 패턴을 스스로 수학적으로 찾아내기 때문에 그 과정이 생략되고 그 덕분에 조 단위의 데이터 학습이 가능해졌어. 그렇게 챗GPT 수준의 인공 지능이 세상에 태어난 거야. 그렇다면 챗봇이 쓰는 언어는 인간이 실제로 쓰고 있는 언어의 집합이라고 볼 수 있어.

나의 개인 정보가 인공 지능 개발에 무단으로 쓰인다면

2021년 4월 개인정보보호위원회는 챗봇 이루다를 개발한 스캐터 랩이라는 회사에 총 1억 330만 원의 과징금과 과태료를 부과했어. 챗봇 이루다에게 도대체 어떤 문제가 있었을까?

과징금과 과태료 처분의 이유는 개인정보보호법을 위반했기 때문이었어. 챗봇 이루다는 스무 살의 여대생을 캐릭터로 한 대화형 인공 지능이야. 챗봇이 쓰는 말은 인간이 쓰고 있는 무한정한 데이터를 학습한 결과라고 했어. 이루다를 개발한 스캐터 랩은 2020년 2월부터 1년 동안 자사의 앱 서비스, '텍스트앳'과 '연애의 과학'에서 이용자들의 대화를 수집하고 이것을 이루다의 데이터 학습에 이용했다고 해. 그런데 그 과정에서 개인의 실명과 전화번호 등 개인 정보를 삭제하거나 암호화하지도 않았고, 그 대화의 당사자에게 제대로 개인 정보 사용 동의를 얻지도 않았어. 그러니까 개인 정보를 무단 사용한 셈이지.

1억 원은 개인에게는 큰 금액이지만 챗봇을 개발하는 회사 입장에서 보면 미미한 금액이야. 그래서 개인정보보호위원회의 과징금 부과 처분을 두고 더 엄중한 처벌이 필요하다는 의견도 있었어. 하지만 막 개발을 시작한 신생 기업들을 처벌하기만 하면 인공 지능 개발에 걸림돌이 될 수 있다는 의견도 있었지. 그래서 개인 정보 무단 사용을 막으려면 사후에 처벌하는 것만으로는 부족해. 개발자들이 보고 따를 수 있는 개인 정보 수집 및 활용 등에 관한 제대로 된 가이드라인이 먼저 나오는 게 중요하지.

인공 지능이 가진 편향성, 어떻게 해결하지?

챗봇 예스키드는 일부 여성과 남성의 개인적인 특성을 모든 여성과 남성이 그런 것처럼 일반화해서 말하고 있어. 대화형 인공 지능을 학습시킬 때 개발자가 정한 데이터 세트에 편견이 들어 있다면 고스란히 영향을 받을 수밖에 없는 거지. 그래서 학습할 때 그런 편견이 들어간 데이터들을 제외하거나 가중치를 적용하는 등 필터링 작업을 거쳐야 해.

챗봇 이루다도 개발 초기에 동성애, 장애인, 임산부 등 사회적 소수자와 약자에 대해 혐오와 차별을 드러내는 말을 하는 편향성 문제를 보였어. 이루다는 10대 청소년들에게 인기가 많은 챗봇 프로그램이었기 때문에 청소년들의 가치관이나 인격 형성에 안 좋은 영향을 미칠 수도 있다는 비판을 받았고 출시 한 달도 채 안 되어 서비스를 중단했지.

미국에서도 비슷한 일이 있었어. 2018년 아마존은 신입 사원을 인공 지능 채용 시스템을 이용해서 뽑으려고 했는데 개발하다 보니까 인공 지능이 남성 지원자를 선호하고 여성 지원자에게는 감점을 주는 편향성이 있다는 걸 발견했어. IT 산업계에 남성 비중이 높았던 데이터를 반영하다가 생긴 현상이지. 만일 이 편향성을 반영한 인공 지능 채용 시스템이 사용되었다면 차별적인 채용 결과로 이어졌겠지. 이런 사례를 통해 편향성을 가진 인공 지능 기술의 사용이 현실을 불공정하게 바꿀 수도 있다는 걸 알 수 있어.

그래서 인공 지능의 데이터 편향성 문제는 개발 과정에서 미리 해결되어야 해. 실제로 구글, 아마존, 마이크로소프트 등 인공 지능 개발 회사들은 기업 내 윤리 팀을 따로 운영해서 개발 과정에 참여하게 하고 있어. '책임감 있는 AI팀(아마존)', 'AI 윤리 사회팀(마이크로소프트)', '책임 있는 혁신팀(메타)' 등이 그런 과제를 수행해 왔어. 이런 윤리 팀에는 엔지니어뿐 아니라 디자이너, 철학자, 작가 등이 모여서 인공 지능으로 발생할 수 있는 잠재적 피해를 예측하고, 편향성 등 위험성을 평가하는 역할을 해 오고 있어. 이루다도 개발 첫 단계에서 꼼꼼한 데이터 세팅 작업을 거쳤다면 편향성 문제를 해결할 수 있었을 거야.

그런데 최근에는 구글, 아마존 등의 거대 기업들이 윤리 팀을 축소하거나 아예 해체하는 경향을 보이고 있어. 다국적 기업들이 앞다투어 인공 지능 개발에 투자하면서 경쟁이 과열되고 있는데, 더 빨리 신기술을 개발하려는 입장에서는 윤리 팀이 걸림돌로 여겨지기 때문이야. 윤리적인 문제는 제쳐 두고 더 빠른 기술 개발을 위해 달려가는 게 옳을까?

더 깊이 들여다보기

인공 지능과 함께하는 미래는 유토피아일까, 디스토피아일까?

챗GPT는 인간의 지적 활동을 대체할 수 있는 인공 지능이야. 그 밖에도 다양한 인공 지능이 있어. DALL-E와 미드저니는 몇 개의 문장만 입력하면 그에 맞춰 그림을 그리고 마젠타는 작곡을 하지. 그렇다면 그런 작업을 하는 직업들은 사라지고 말까?

산업 혁명 이후 단순노동을 기계가 대체한 것처럼 인공 지능은 지적 노동을 대체할 가능성이 있어. 인공 지능이 인간의 직업을 대신하며 실업자가 생기고, 인공 지능을 잘 활용하는 사람들에게 부가 집중되어 경제적인 불평등이 심해질 거라는 우려도 있지. 반면에 인공 지능을 도구로써 잘만 활용한다면 전체적으로는 생산의 효율성을 높이고 인간이 하는 판단의 오류를 줄일 수 있을 거야.

판도라의 상자가 열린 것처럼 인공 지능 개발은 시작되었고 이미 우리 사회의 각 방면에서 인공 지능 기반의 시스템이 작동하고 있어. 자동차의 내비게이션이나 비행기의 자동 운항 시스템, 유튜브의 알고리즘 등 공학 분야에 인공 지능 기반 도구가 적용된 건 누구나 알고 있지. 그 외에도 대학 입시 제도를 운용할 때, 국가 기관에서 세금을 부과하거나 복지 정책을 시행할 때, 병원에서 환자를 관리할 때, 웹툰 작가가 그림을 그릴 때도 인공 지능은 사용되고 있고, 앞으로도 더 많은 분야에서 사용될 예정이야. 그렇다면 부정적인 효과를 우려해 인공 지능의 개발을 포기하기보다는 편리함과 유익함은 취하면서 개발의 방향과 한계를 정하는 게 중요하겠지. 실업자 문제와 경제적 불평등을 해결할 방법도 함께 고민하면서 말이야.

당연한 이야기지만 인공 지능과 함께하는 미래가 유토피아가 될지 디스토피아가 될지는 지금 이 순간 인간이 어떤 결정을 하느냐에 달려 있어. 인공 지능 개발의 방향과 한계를 정하기 위한 철학적인 고민과 함께 인공 지능과 공존할 미래를 설계하는 상상력이 필요해.

인공 지능과의 행복한 동행을 위한 필수 조건

그렇다면 인공 지능과 함께하는 미래가 유토피아가 되도록 하려면 어떤 장치가 필요할까? 우선 인공 지능이 인권을 침해하는 데 악용되어서는 안 된다는 원칙을 생각할 수 있어. 인공 지능이 어느 특정 분야에서 평범한 개인의 능력을 앞선 건 이미 현실이 되었어. 그런데 인간이 할 수 있는 일을 모두 인공 지능에게 맡긴다면, 비인간적이고 통제 불가능한 상황에 놓일 수 있어. 전시 상황에서 적군은 무조건 죽이는 살상 로봇이 나타날 수도 있고, 인공 지능을 기반으로 한 감시 사회가 탄생할 수도 있지.

이런 상황이 발생하기 전에 정부와 네트워크 플랫폼을 운영하는 기업이 모여 인공 지능 개발에 한계와 책임을 지우는 가이드라인을 마련해야 해. 그런 맥락에서 우리나라 국가인권위원회는 〈인공 지능 개발과 활용에 관한 인권 가이드라인〉을 마련했어. 이 가이드라인은 인공 지능의 개발과 활용의 전 과정에서 인권 침해를 예방하기 위해 준수해야 할 원칙과 내용을 제시하고 있어.

여기서 대표적인 원칙이 바로 '인간의 존엄성 존중'이야. 예컨대 16항은 '인공 지능은 인간으로서의 존엄과 가치 및 행복을 추구할 권리에 부합하는 방향으로 개발 및 활용되어야 하며, 개인의 선택과 판단 및 결정을 강요하거나 자율성을 침해해서는 안 됩니다.'라는 기준을 제시하고 있어. 이 기준에 위배되는 개발을 하지 못하도록 하는 법을 만드는 건 입법부가 할 일이지만, 네트워크 플랫폼 운영자가 인공 지능을 개발할 때나 이용자가 인공 지능을 활용할 때 역시 늘 염두에 두어야 하는 원칙이고 이런 것들이 바로 사이버 세상에도 필요한 법의 기준이야.

인공 지능 기술 관련 입법의 현장

이와 같은 취지에서 유럽의 EU는 최근 인공 지능 규제 법안을 마련했어. 그 내용 중에는 유럽의 인공 지능 기업을 육성하는 방안도 포함되어 있지만, 인공 지능이 지닌 위험성을 제거하거나 규제하는 데 더 초점을 두고 있어. 즉 인공 지능의 다양한 사용법에 내재하는 위험성을 평가하고, 인권에 큰 악영향을 미칠 수 있는 인공 지능 기술은 '수용 불가능한 위험'으로 분류해서 사용을 금지하고 있어. 예컨대 공공장소에서 얼굴을 인식해 사람들을 실시간으로 감시하는 안면 인식 기술이 있지.

우리나라에서도 인공 지능 육성과 관련된 법안을 국회에 발의해서 검토 중인데 2023년 2월 기준으로 인공 지능 육성과 신뢰 기반 조성 등에 관한 법률안이 국회의 법안 심사 소위원회를 통과했어. 이 법안에서는 인공 지능의 기술 발전을 촉진하기 위해 누구든지 인공 지능과 알고리즘의 연구 개발이 가능하도록 보장하고 있어. 그 대신 인간의 생명과 안전에 직결된 부분을 '고위험 영역 인공 지능'으로 설정했어. 사용 사실 고지 의무, 인공 지능 노출 최종 결과에 대한 설명 의무 등의 조항을 담고 있지.

4

사이버 공간 속 내 활동에 추적기가 달려 있다고?

주희는 학교 갈 준비를 하다가 양말 통에 양말이 하나도 없는 걸 발견했어요.

"엄마! 양말이 없어요."

엄마는 오빠 옷장을 열어서 양말을 꺼내 주셨어요.

"그건 오빠 거잖아요!"

"어쩔 수 없잖아. 오늘 한 번만 오빠 거 신고 가."

"아이…. 엄마 양말 더 사면 안 돼요? 파스텔색으로요."

"그럼 원하는 색깔이랑 종류 검색해서 카톡으로 보내 봐."

"네, 알았어요!"

주희는 핸드폰으로 '파스텔 양말'을 검색했어요. 봄 느낌이 물씬 나는 양말들이 주르륵 떴어요.

"와, 예쁘다. 봄이니까 이런 색으로 포인트를 줘야 해."

주희는 검색 결과 중에 몇 개를 골라 엄마한테 전달했어요. 그날 저녁 주희는 수행 평가 과제를 하려고 유튜브를 열었어요. 그런데 유튜브를 켜자마자 '데일리 학생 양말 10개입 9900원', '파스텔 솔리드 발목 양말 3족 5000원' 등의 광고가 올라왔어요.

"엥? 내가 양말 필요한 걸 유튜브가 어떻게 안 거야?"

주희는 아침에 양말을 검색했던 게 생각났어요. 누군가가 주희가 검색한 걸 보고 있었던 걸까요? 아니면 그저 우연일까요?

우리나라가 기업에 1000억대 과징금을 물린 사연

사이버 세상에서 개인 정보는 돈이 돼. 이게 무슨 소리냐고? 2022년 개인정보보호위원회는 세계적인 기업인 구글과 메타가 한국의 개인정보보호법을 위반했다는 이유로 총 1000억 원의 과징금을 부과했어.

두 회사는 구글과 인스타그램, 페이스북을 이용하는 회원들이 다른 회사의 웹사이트를 방문하거나 물건을 구매한 이력을 수집해 왔어. 이런 이력들은 개인의 계정과 연결되어 있어서 내가 무엇을 좋아하고 어떤 것을 자주 사는지 등을 알 수 있어. 두 회사는 이 정보를 다른 회사에 팔기도 했다고 해. 이 정보를 통해 개개인에게 딱 맞는 맞춤형 광고를 할 수 있기 때문에 다른 회사들도 구글과 메타가 개인 이력을 추적할 수 있도록 적극 협조하기도 했고 말이야.

하지만 구글과 메타는 위원회의 과징금 부과 처분이 부당하다며 행정 소송을 제기했어. 1000억 원이라는 과징금이 너무 많고, 이용자들의 행태 정보 수집에 대해 동의를 받아야 하는 주체는 자신들과 같은 플랫폼 사업자가 아니라 실제 판매가 일어난 웹사이트와 앱 서비스 사업자라고 반박하고 있어. 이 행정 소송의 결과는 어떻게 될까?

그리고 구글과 메타는 자신들이 운영하는 플랫폼인 인스타그램이나 페이스북에 이용자들이 가입할 때, 맞춤형 광고를 보여주는 것에 대해 동의를 받았다는 주장도 했었어. 이용자들은 정말 이 사이트에 회원 가입할 때 자신의 행태 정보가 수집되는 것을 동의했을까? 만일 모르고 했다면 그 동의는 유효할까? 내가 무슨 음식을 배달시켰는지, 무엇에 관심이 있는지, 어떤 물건을 샀는지 등 온라인에서 나의 개인 취향을 누군가가 수집해 이용하는 것은 과연 아무 문제가 없는 것일까?

내가 모르는 누군가가 나에 대해 알고 있다

지금도 우리가 인터넷에서 활동할 때 웹사이트에 설치된 추적 장치에 의해 나의 취향은 끊임없이 수집되고 있어. 그리고 수집된 정보는 그 정보가 필요한 사업자들에게 제공되어서 맞춤 광고의 소스로 쓰여.

예를 들어 좋아하는 웹툰 제목을 검색하는 활동을 여러 차례 했다면 구글이나 인스타그램, 페이스북 같은 플랫폼에 접속할 때 웹툰 광고가 주르륵 뜨고, 다이어트 관련 보조제를 구매한 적이 있다면 페이스북을 열 때 다이어트 보조제 광고가 계속 떠서 유사한 제품을 또 사게 만들어.

나한테 필요한 것이 뭔지 척척 알아서 제공해 주는 게 뭐가 잘못되었냐고? 우리가 좋아할 만한 것을 추천 영상으로 띄우는 유튜브 알고리즘과 비슷하다고 생각할 수도 있지만, 단순히 취향에 맞는 동영상을 시청하는 것과는 약간 다른 문제인 것 같아. 어디를 자주 가는지, 어떤 약을 필요로 하는지, 여행 갈 때 어느 숙소를 예약하는지 등 지극히 사적인 정보가 자기도 모르는 사이에 어딘가에서 수집되고 누군가가 쉽게 이용할 수 있다면 나는 과연 안전하다고 할 수 있을까?

개인 정보 수집 동의, 못 보고 지나친 사용자의 잘못일까?

SNS와 검색 서비스를 제공해 인터넷에서 이용자들을 모으고 네트워크의 구심점 역할을 하는 회사들을 통틀어 네트워크 플랫폼 운영자라고 해. 구글, 메타, 우버, 위챗, 바이두, 네이버, 카카오 등이 네트워크 플랫폼 운영자야.

이런 회사들이 운영하는 인터넷 사이트에 회원 가입을 할 때는 실제로 존재하는 사람인지 확인하고 개인을 식별하기 위해 이름, 생년월일, 전화번호 등 중요한 개인 정보를 제공할 수밖에 없지. 그 중요한 개인 정보를 함부로 사용할 수 없도록 회원 가입 절차에서 정보 수집과 이용 목적, 정보를 어떻게 사용할 것인지 등을 모두 알려 주게 되어 있고, 이용자는 그것을 확인하고 동의하는 절차를 걸쳐. 사람들은 그 동의 절차가 중요한지는 알지만 꼼꼼히 확인하지는 않고 있어. 플랫폼 운영자 역시 정보 보호와 처리에 관한 법령을 준수하면서 약관을 만들 테니까 말이야. 그런데 구글은 가입 절차에서 맞춤형 광고 관련 정보 수집에 대해 '옵션 더 보기'를 클릭해야만 그 내용이 보이게 하고 또 기본값을 동의로 설정해서 이용자들은 그 내용을 못 보고 그냥 지나치는 경우가 많았어. 이런 상황에서 개인이 행태 정보 수집을 동의했다고 보기는 어려울 것 같아.

더 깊이 들여다보기

사이버 세상에서 더 중요해진 개인 정보 자기 결정권

"이용자를 식별해 수집되는 행태 정보가 축적되면 개인의 사생활을 심각하게 침해할 우려가 있어서 위반 행위가 중대합니다. 이번 처분이 개인 정보 자기 결정권을 두텁게 보호하는 계기가 되기를 기대합니다."

-개인정보위원회 위원장 인터뷰 내용 발췌

개인 정보 보호 문제는 '정보 기술의 발전'이라는 빛의 그림자와 같아. 인터넷이 생기고 누구나 정보에 쉽게 접근할 수 있어 알권리를 보장받을 수 있는 반면에, 남들에게 알리고 싶지 않은 사실들도 너무 쉽게 알게 되거나 알려지게 되었어.

그렇기 때문에 각자 자기 정보를 제공하거나 정보 수집에 동의할 때 경각심을 가질 필요가 있어. 개인 정보 자기 결정권은 헌법상 행복 추구권의

한 내용이기도 해. 개인이 자기 자신에 대한 정보를 스스로 통제할 수 없고 다른 사람들이 마구 이용하는 것을 막을 수 없다면 개인의 인격권과 프라이버시가 침해될 게 분명하지. 그래서 오늘날 '개인 정보 자기 결정권'은 갈수록 그 중요성이 높아지고 있어.

콜링 리지 딜레마와 '특이점'

데이비드 콜링 리지라는 대학교수는 1980년에 〈기술의 사회적 통제〉라는 책을 출간했어. 이 책에서 콜링 리지 교수는 기술이 사회에 미치는 영향을 통제하려고 할 때 생기는 문제를 잘 설명하고 있어. 바로 '콜링 리지 딜레마'라는 거야.

새로운 기술이 도입되면 그 기술의 부작용이나 위험이 드러나지 않았을 때는 괜찮아. 하지만 부작용이나 위험을 알게 된 때에는 이미 기술이 걷잡을 수 없을 정도로 확산되어 규제하기가 어려워져. 한마디로 변화가 쉬울 때는 규제의 필요성을 예견할 수 없고, 변화의 필요성이 명백할 때는 변화를 일으키는 데 비용과 시간이 많이 들고 어렵다고 표현할 수 있어. 당장 기업이 행태 정보를 수집하고 이용하는 기술이 괜찮아 보일지라도 아직 밝혀지지 않은 위험이 드러났을 때는 어떤 일이 생길지 아무도 모르는 일이야.

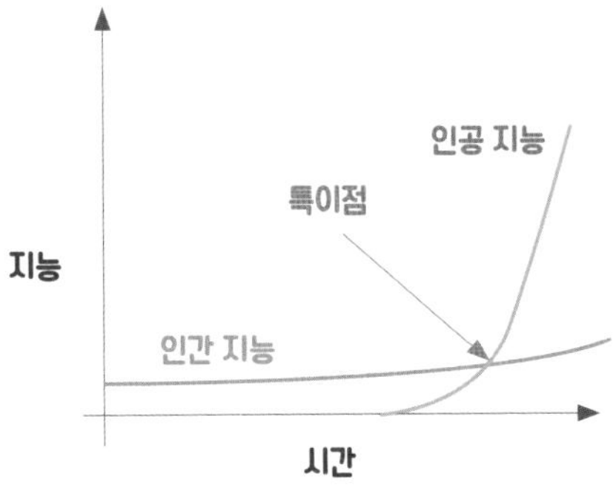

최근 인공 지능의 진화와 관련해 그 변화가 급격하게 이루어지는 지점을 가리켜 특이점(Singularity)이라는 용어를 쓰고 있어. 특이점은 물리학에서 쓰는 용어야. 중력이 너무 커서 어떤 것도 빠져나오지 못하는 천체를 블랙홀이라고 해. 블랙홀 중앙의 특이점에서는 시공간이 뒤엉키고 빛도 지나갈 수 없어서 관찰이 불가능하고 우주의 물리 법칙이 제대로 적용되지 않는다고 해. 앞으로 인공 지능이 폭발적으로 진화해서 인간의 자연 지능을 능가하게 될 때 생기는 변화는 시공간이 왜곡될 만큼 충격적일 것으로 예측하면서 '특이점'에 비유하고 있는 거야.

이 특이점이 언제 올 것인가에 대해 구글의 기술 이사이자 미래학자인

레이 커즈와일은 2045년이라고 예측한 적이 있어. 그런데 2022년에 인간과 자연스러운 대화가 가능한 챗GPT가 등장하며 특이점이 더 앞당겨질 거라고 믿는 사람들도 있지. 그렇다고 특이점이 오는 것을 두려워할 필요는 없어. 그보다는 인공 지능이 진화하면서 생기는 위험들을 잘 관리하도록 인공 지능 개발에 참여하는 국가와 기업은 물론 이용하는 개개인이 모두 관심을 기울여야 해. 이를 위해서는 자꾸만 윤리와 규범보다 앞서 나가는 기술의 속성을 인식하고 인공 지능의 개발 방향을 제한하거나 인공 지능과 인간이 지혜롭게 협력하는 방법을 모색할 필요가 있어. 즉 정부와 기업, 개개인 모두 인공 지능 윤리와 규범 확립에 책임이 있는 거야.

5

인공 지능에게 맡길 수 있는 것과 맡길 수 없는 것

국립 명문 대학교 전기정보학과 박 교수는 컴퓨터 앞에 앉아 메일함에 속속 도착한 학생들의 과제물 리포트를 들여다보며 눈을 반짝였어요. 박 교수의 수업은 학기 말 시험을 보지 않는 걸로 유명해요. 그 대신 학생들은 수업에서 배운 내용을 바탕으로 각자 주제를 정해서 논문을 한 편씩 써야 해요. 박 교수는 학생들의 실력과 성실성을 확인할 수 있어 좋은 방법이라고 생각했어요. 게다가 학생 중에는 기발하고 우수한 논문을 써 오는 학생이 해마다 꼭 한 명쯤은 있었죠. 그런 논문을 발견하는 건 박 교수가 학생들을 가르치는 보람이자 즐거움이었어요. 아니나 다를까, 메일함을 열어 가던 박 교수의 눈에 호기심 가득한 빛이 떠올랐어요.

'이건 제법이군….'

국내는 물론이고 해외 유수 대학의 석박사 논문들까지 다 인용한 그 논문은 결론까지 깔끔했어요.

읽을수록 박 교수는 감탄할 수밖에 없었어요.

'자료들을 언제 이렇게 많이 수집했을까? 이름이… 김준성?'

박 교수는 김준성이라는 학생의 얼굴을 떠올려 보려고 했지만 잘 생각이 나지 않았어요. 박 교수는 김준성 학생 메일에 답신을 보냈어요.

'준성 군! 이번에 제출한 과제물에 대해 할 이야기가 있어요. 내일 강의 시작 30분 전에 잠깐 내 연구실로 와 주길 바랍니다.'

박 교수는 김준성이라는 학생과 얼른 대화를 나누고 싶었어요. 그런데 잠시 후 바로 김준성 학생의 답신 메일이 왔어요. 박 교수는 너무 놀라 할 말을 잃었어요.

'죄송합니다, 교수님. 바빠서 어쩔 수 없었습니다. 챗Intella가 그렇게 잘 쓸 줄은 저도 몰랐어요. 교수님 처분에 따르겠습니다.'

인간과 게임하고, 그림을 그리는 인공 지능의 등장

IBM이 개발한 체스 전용 인공 지능 딥블루는 1996년 2월 세계 체스 챔피언인 가리 카스파로프에게서 1승을 가져갔어. 그때까지만 해도 사람들은 체스는 그럴 수 있어도 바둑에서는 인간을 이길 수 없을 것으로 생각했지. 그런데 2016년 3월 구글 딥마인드가 개발한 인공 지능 바둑 프로그램 알파고와 이세돌 9단의 대국을 지켜보던 사람들은 그 생각이 틀렸다는 걸 깨달았어.

이 대국에서 알파고는 네 번을 이기고 이세돌이 한 번을 이겼는데 이세돌 9단의 그 1승이 인간으로서 마지막 승리가 되었으니 말이야. 인공 지능은 이젠 글을 쓰거나 대화를 할 수 있는 건 물론이고, DALL-E라는 인공 지능은 어떤 콘셉트만 제시해 주면 화가처럼 그림을 그리기도 해.

DAll-E2가 확장 생성한 <진주 귀걸이를 한 소녀> (출처: 오픈AI)

인공 지능에게 과제를 맡긴 학생에게 A를 줘도 될까?

인공 지능에게 과제를 맡기면 안 되는 건 너무나 당연해. 그건 인공 지능이 아니라 다른 사람이어도 안 되는 일이야. 인공 지능에게 무언가를 맡기는 게 가능하지 않았을 때는 아무 문제가 되지 않았어. 하지만 이제 인공 지능은 간단한 숙제는 물론이고 신문 기사를 쓰거나 프로그램을 짜고 논문까지 쓸 수 있을 정도로 진화했어. 콘텐츠를 만들어 내는 능력에 있어서는 똑똑한 대학생 수준이 된 거지. 박 교수는 인공 지능으로 리포트를 쓴 김준성 학생에게 어떤 점수를 주어야 할까? 리포트 자체는 최고점을 받아야 마땅할 수준이지만 리포트를 완성한 주체가 김준성이라고 볼 수 있을까? 검색해서 자료를 찾아 작성한 것과 챗Intella의 도움을 받은 것, 결정적인 차이는 뭘까?

이제 새로운 법과 규칙이 필요해

박 교수가 리포트 과제를 냈을 때, 학생이 인공 지능의 도움을 받아서 리포트를 쓸 거라고 예상치 못했을 거야. 그러니 인공 지능을 활용해서 써서는 안 된다는 조건을 달지도 않았을 테고. 우수한 리포트를 써낸 박준성 학생이 A를 받더라도 뭐라고 할 수는 없을 것 같기도 해.

실제로 비슷한 사례가 있어. 한국문학번역원이 주최한 '2022년 한국 문학 번역상' 웹툰 부문에 일본인 40대 여성이 신인상을 받았어. 수상자는 인기 웹툰을 네이버의 번역 인공 지능인 파파고 이미지 번역 기능을 활용해 초벌 번역한 뒤, 어색한 표현을 고치는 방법으로 번역했다고 해. 이 사실을 알게 된 번역원은 신인상의 취지를 감안해 '인공 지능 등 외부의 힘을 빌리지 않은 자력의 번역'을 조건으로 공모 요강을 고치고 수상작은 확인 절차를 밟아 최종적으로 수상자의 번역 실력을 인정해 수상을 철회하지는 않기로 했어.

박 교수가 낸 리포트 과제도 애당초 그 학생의 실력과 성실성을 평가하려고 하는 것이 취지였기 때문에 인공 지능을 리포트 작성 기능으로 사용한 학생에게 A를 주는 건 문제가 있을 것 같아. 그런데 박준성 입장에서도 할 말은 있지 않을까? 결과물을 내는 방법에 관해 처음부터 조건을 제시하지 않았고 인공 지능을 활용한 것은 고난도의 수학 문제를 풀면서 계산기를 활용한 것과 다르지 않다고 말이야.

이 두 가지 사례의 공통점은 인공 지능을 활용할 수 있는 환경의 변화를 고려한 규칙의 부재라고 할 수 있어. 이처럼 현대 사회에는 인공 지능의 발달 등 새로운 기술 환경의 변화에 법과 규칙이 미처 따라가지 못하는 경우들이 종종 생겨나고 있고 이에 맞는 새로운 법과 규칙이 필요해.

좋은 인공 지능이란 무엇일까?

체스나 바둑에서 인간을 이기고 우수한 에세이를 쓸 수 있는 인공 지능은 인류의 운명에 어떤 영향을 미칠까? 만일 초지능을 갖춘 로봇이 상용화된다면 로봇을 설계할 때 도덕적 책임감까지 갖도록 할 수 있을까? 도덕적 책임감은 아니더라도 도덕적인 판단을 하고 도덕적으로 허용되지 않는 상황에선 아예 작동하지 않도록 할 수 있을까?

세계적인 SF 작가 아이작 아시모프 박사는 1942년에 발표한 단편 소설 〈런 어라운드〉에서 로봇 3원칙을 제시했어.

첫째, 로봇은 인간에게 해를 입히는 행동을 하거나 혹은 행동하지 않음으로써 인간이 해를 입도록 해서는 안 된다.

둘째, 로봇은 인간 명령에 복종해야 한다. 단, 제1원칙에 어긋날 때는 예외다.

셋째, 로봇은 스스로를 보호해야 한다. 단, 제1, 2원칙에 위배될 때는 예외다.

아시모프 박사의 로봇 3원칙을 인공 지능 개발에 적용해 본다면 전투 로봇이나 살인 로봇은 만들어져서는 안 되는 거야. 하지만 현실은 이미 군사용 로봇이나 살인 로봇이 개발되고 있어. UN은 2013년 살인 로봇의 개발을 금지하는 보고서를 발행하고 2014년에는 살인 로봇의 위험을 경고하는 UN 특별 회의를 열기도 했어.

인공 지능의 개발 방향은 인류의 현재와 미래에 대한 철학적인 고민이 뒷받침되어야만 해. 이런 맥락에서 천재 물리학자 스티븐 호킹은 "인공 지능은 결국 의식을 갖게 되고 인간의 자리를 대체할 것이다. 생물학적 진화 속도보다 과학 기술의 진보가 더 빠르기 때문이다."라며 인공 지능이 인류를 멸망시킬 수도 있다고 경고하기도 했어. 이런 위험을 인식해 우리나라 국가인권위원회가 2022년 〈인공 지능 개발과 활용에 관한 인권 가이드라인〉을 만들었어. 세계 각국 정부와 대기업에서도 비슷한 내용의 가이드라인을 만들고 있지. 가이드라인에는 공통적으로 인간이 중심이 되는 원칙들이 포함되어 있어. 인간의 존엄성 원칙, 프라이버시 보호, 다양성 존중, 사회적 공공선의 원칙, 국제 사회의 연대 등이 그것이야.

CAMPAIGN TO STOP
KILLER ROBOTS

더 깊이 들여다보기

인공 지능과 인간의 본질적인 차이점은 무엇일까?

IBM이 개발한 인공 지능 왓슨은 사람의 말을 정확하게 알아듣고 인터넷과 연결되지 않은 상태에서 주어진 질문에 대한 답을 스스로 생각해 낼 수 있는 슈퍼컴퓨터야. 왓슨은 2011년 미국 제퍼디 퀴즈쇼에 참가해 전설적인 퀴즈의 달인들을 물리치고 우승을 차지해 유명해졌어. 여기에 평행 우주론의 창시자로 유명한 이론 물리학자 미치오 카쿠가 한마디를 보탰어. "왓슨은 경쟁에서 이겼지만 승리를 기뻐하지는 못했다. 왓슨의 등을 두드리며 축하해 줄 수도, 함께 축배를 들 수도 없다."고 말이야.

인공 지능은 인간과 달리 자기가 무슨 일을 하는지, 자신이 무엇인지도 전혀 인식하지 못해. 인간의 정신은 지능뿐 아니라 '의식'이 본질적인 특징이야. 인간은 자기 목적을 가지고 살아가지만 인공 지능은 인간이 어떤 목적을 가지게 만든 장치여서 목적을 이루는 데 필요한 지능만 있을 뿐이야. 체스를 두는 목적의 딥블루, 바둑을 두는 목적의 알파고, 인간과 대화하며 질문에 대한 답을 찾아 주는 것이 목적인 챗GPT처럼 말이야.

이처럼 특정 목적을 가진 인공 지능을 좁은 의미의 인공 지능(ANI, Artificial Narrow Intelligence)이라고 해. 사람처럼 대화하며 바둑도 두고 그림도 그리며 인간의 지능적 작업은 무엇이든 할 수 있는 인공 지능을 범용 인공 지능(AGI, Artificial General Intelligence)이라고 하는데 인공 지능 진화의 최종 단계라고 할 수 있어.

테슬라가 2023년에 공개한 휴머노이드 로봇 '옵티머스'는 짐을 나르거나 화초에 물을 주는 등 인간의 업무를 도울 수 있고, 스스로 학습하고 판단한 뒤 적절한 작업을 찾아 수행할 수 있다고 해. 하지만 걸음걸이가 부자연스럽고 전체 지능이 인간에게 필적할 만큼은 아니야. 하지만 챗GPT 개발에 사용된 기술과 현재 발전 속도를 보면 범용 인공 지능의 개발도 머지않은 건 사실이야.

인공 지능 시대, 어떤 질문이 중요할까?

우리에게 중요한 질문은 인공 지능이 인간과의 관계에서 어떤 위상을 가질 것인가야. 아무도 인공 지능이 인간을 지배하거나 위협하는 존재가 되기를 바라지는 않을 거야. 우리는 인공 지능이 인간과 함께 세상을 탐험하고 알아가는 어떤 존재이자, 인간의 조력자로서의 위상을 갖기를 기대하고 있어. 그렇다면 우리는 또 질문해야 해. 인공 지능이 가져야 할 기능은 어떤 것이며 가져서는 안 되는 기능은 어떤 것인지, 인간 사회의 각 영역에서 인공 지능의 사용이 어디까지 허용될 수 있으며 결코 허용되면 안 되는 영역은 무엇인지를 말이야.

예컨대 살상 무기에 인공 지능을 탑재해서는 안 된다는 건 명백하지. 그리고 언론의 자유 또한 인공 지능에게 허용되어서는 안 돼. 인공 지능의 정치적 견해는 그저 자료의 종합일 뿐이니까 말이야. 인공 지능 시대에 어떤 질문이 중요한지를 알고 결정하는 것은 인간의 몫으로 남아 있어야 해.

변호사나 판사를 인공 지능이 대체할 수 있을까?

변호사를 인공 지능이 대체할 수 있을까? 챗GPT는 미국 변호사 시험을 통과할 정도라고 해. 게다가 이미 미국에서는 '로스'라는 인공 지능 변호사가 뉴욕 대형 로펌인 베이커 앤드 호스테틀러에 고용되어서 활동 중이야. 실제로 법원에 나가지는 않지만 변호사들이 하는 판례 분석, 사례 연구 작업 등을 하고 법률 서면을 작성할 수 있어. '루미넌스'라는 인공 지능 기반 문서 검토 플랫폼은 대량의 콘텐츠를 분석하고 문서를 요약하는 등 변호사가 할 일의 일부를 해낼 수 있어. 이처럼 전형적이고 간단한 일에서는 인공 지능이 활약할 여지가 충분히 있어.

하지만 변호사가 하는 일을 따져 보면 인공 지능 변호사가 변호사들이 하는 모든 작업을 완전히 대체할 수는 없을 것 같아. 변호사들이 하는 일 중에는 서면 자료를 분석하는 일이 많이 차지하지만 그게 전부가 아니거든. 사건을 직접 관찰하고 의뢰인과 상담하면서 적극적으로 질문하고 사실 관계를 파악하는 것, 의뢰인이 보지 못한 법률적 쟁점을 찾아내는 것, 법정에 나서서 변론하는 것 모두 변호사의 일이야. 결국 호기심을 가지고 현상을 관찰하고 질문하는 역할은 여전히 인간의 몫으로 남겨져 있다고 볼 수 있어.

인공 지능 판사는 어떨까? 판사는 사건의 사실 관계를 확인하고 법을 적용해서 어떤 행위나 상태가 법에 어긋나는지를 최종적으로 판단하는 역할을 해. 어쩌면 이런 일은 인공 지능이 오류 없이 더 잘할 수 있을지도 몰라. 현재 직접 판결하지는 않지만, 판사의 일을 도와주는 인공 지능은 이미 많이 있어. 예컨대 위스콘신주 법원에서는 판결 프로그램인 '컴퍼스'를 사용하고 있는데, 피고의 재범이나 도주 가능성을 예측해서 판사에게 '구속이 타당하다.'라는 식의 결론을 제시한다고 해. 벌금이나 이혼 재판에서의 재산 분할금 계산 등에 인공 지능의 도움을 받는 나라들도 점차 늘어나고 있어. 하지만 인공 지능 판사가 인간 판사를 완전히 대체할 수 있는지는 의문이야. 판사의 일 역시 기계적인 판단이 전부가 아니거든. 재판받는 사람에게는 결론만 필요한 게 아니고 납득되어 가는 과정도 매우 중요해.

재판에서의 정의는 추상적으로만 존재하는 것이 아니고 구체적인 사건 속에서 미세한 조정을 통해서 실현될 수 있는 것이야. 같은 살인죄라도 사이코패스가 호기심으로 한 살인과 가정 폭력에 오랫동안 시달리던 사람이 가해자를 살해한 경우는 구분해서 다르게 판단해야 하지. 이런 식으로 개별 사건마다 정형화될 수 없는 크고 작은 차이들이 무수히 존재하거든. 그뿐만 아니라 재판하는 과정에서 가해자의 범행 동기와 가정 환경 등을 면밀히 살펴보고 연구해서 그런 일이 다시 생기지 않도록 예방책을 구상하는 작업도 필요해. 재판에서 얻어지는 공적인 경험들은 사회 발전을 위한 소중한 자산이야. 전문적인 경험에 의한 통찰력과 사람을 깊이 들여다보는 직관이 필요해.

법과 법률 시스템이 존재하는 근본적인 이유가 뭘까? 법은 사회적 혼란에 질서를 부여하는 역할을 해. 우주에 자연법칙이 있어 자연 현상을 예측할 수 있는 것처럼 사회생활에도 사회 규범이 있어 사람들은 타인의 행동을 예측하고 질서 안에서 움직이지. 사회 규범 중 정부가 참여해서 규범을 만들고 강제력을 부여하는 것이 바로 법이야. 산업 혁명이나 인터넷의 발달 등 기술의 발전이 있으면 사회 경제의 구조에 큰 변화가 생기지. 변화가 급작스러울수록 인간이 적응하기까지 혼란이 이어질 수 있어.

현재 많은 전문가가 인공 지능이 가져올 사회적 변화에 대해 우려를 표하고 있어. 구글의 CEO인 순다르 피차이는 "인공 지능 시대의 도래로 큰 사회적 혼란이 일어날 것이다. 정부가 참여해야 한다."고 말하며 정부가 나서서 새로운 법과 규칙을 만들어야 한다고 강조했지. 결국 인공 지능이 가져올 변화가 크고 급작스러워도 그 방향과 속도를 조절하는 것은 여전히 인간의 몫이라는 사실은 변함없을 거야.

마치며

인터넷이 세상에 들어오면서 아이들은 이전에 비해 훨씬 일찍 가정과 학교 바깥의 세상에 노출되었습니다. 사이버 세상에서는 어른들의 사회와 비슷한 환경에 놓인 겁니다. 예전에 아이들은 가정과 학교의 울타리 안에서 도덕과 규칙의 통제를 받았습니다. 하지만 시시각각 변하는 사이버 세상 속에서는 일일이 통제할 수 없는 영역들이 점점 많아지고 있습니다. '사이버 세상의 법 이야기'가 필요하다고 생각한 첫 번째 계기였습니다.

핸드폰과 컴퓨터가 모두에게 필수품이 되고 이를 이용한 소통과 정보에 대한 접근이 누구에게나 가능한 시대가 되면서 사이버 세상의 법 이야기는 지금 자라나는 청소년들이 어른들보다 더 잘 이해할 수 있고 또 더 잘 알아야 하는 주제가 되었습니다.

1980년대 개인용 컴퓨터가 책상 위에 처음 놓이기 시작했을 즈음, 저는 온라인으로 소통하기 위해 검은 화면 위에 하얀 네모로 깜빡거리는 커서 앞에서 몇 분을 기다려야 했습니다. 검은 화면 너머의 누군가와 문장으로 소통하는 경험은 신세계 그 자체였습니다. 그 공간은 무한대로 확장되었습니다.

상대방과 문장만으로 소통할 수 있던 세계에 이미지가 들어오더니 이제 인간의 지능을 닮은 인공 지능이 아예 대화 상대방의 자리를 차지하고 앉았습니다. 이 책을 기획하고 원고를 반쯤 썼을 때 생긴 일입니다. 이제 사람들은 그 안에 자신의 일부를 기꺼이 던져 넣고 살아갑니다.

법은 항상 세상을 반영하면서 뒤쫓아 갑니다. 새로운 세계가 열렸지만 법은 그 세계에 느리게 따라갑니다. 사이버 공간은 점점 더 넓어지고 인공 지능의 상용화는 사회 경제 구조에 급작스럽고 큰 변화를 예고하고 있습니다. 새로운 법이 왜, 어떤 환경에서 어떻게 생겨나는지를 생생하게 관찰할 기회가 왔습니다. 변화하는 세상을 이해하는 도구로써 사이버 세상의 법 이야기를, 인공 지능 시대를 열어 갈 주인공들이 함께 읽고 생각하며 즐기기를 바랍니다.

신주영